Ihre Arbeitshilfen zum Download:

Die folgenden Arbeitshilfen stehen für Sie zum Download bereit:

Rechner:
- Kennzahlenrechner
- Kalkulationshilfen für die Wertermittlung
  und viele mehr

Den Link sowie Ihren Zugangscode finden Sie am Buchende.

Kennzahlen für die Bau- und Immobilienwirtschaft

Prof. Dr. Helmut Geyer

Kennzahlen für die Bau- und Immobilienwirtschaft

Prof. Dr. Helmut Geyer

1. Auflage

Haufe Gruppe
Freiburg · München

Bibliografische Information der Deutschen Nationalbibliothek
Die Deutsche Nationalbibliothek verzeichnet diese Publikation in der Deutschen
Nationalbibliografie; detaillierte bibliografische Daten sind im Internet über
http://dnb.dnb.de abrufbar.

Print ISBN: 978-3-648-05036-1   Bestell-Nr. 06768-0001
EPUB ISBN: 978-3-648-05037-8   Bestell-Nr. 06768-0100
EPDF ISBN: 978-3-648-05038-5   Bestell-Nr. 06768-0150

Prof. Dr. Helmut Geyer
Kennzahlen für die Bau- und Immobilienwirtschaft
1. Auflage 2014

© 2014 Haufe-Lexware GmbH & Co. KG, Freiburg
www.haufe.de
info@haufe.de
Produktmanagement: Jasmin Jallad

Lektorat: Text und Design Jutta Cram, 86157 Augsburg
Satz: Reemers Publishing Services GmbH, 47799 Krefeld
Umschlag: RED GmbH, 82152 Krailling
Druck: fgb · freiburger graphische betriebe, 79108 Freiburg

Inhaltsverzeichnis

1 Vorwort

Einerseits sind Unternehmen aus der Immobilienbranche ganz „normale" Unternehmen, die betriebswirtschaftlichen Handlungszwängen unterliegen und deshalb auch mit den üblichen Kennzahlen des Controllings beurteilt und gesteuert werden können. Andererseits gibt es in der Immobilienwirtschaft aber auch Besonderheiten, die das Verwenden einiger Kennzahlen aus der Industrie oder den verschiedenen Branchen des Dienstleistungsbereichs zumindest nur eingeschränkt sinnvoll erscheinen lassen.

In diesem Buch sollen vor allem Kennzahlen und Definitionen behandelt werden, die sich mit den speziellen Fragen der Immobilienwirtschaft auseinandersetzen. Das heißt jedoch nicht, dass nicht auch allgemeine betriebswirtschaftliche Zusammenhänge einen Platz finden.

An wen wendet sich dieses Buch? Zuvorderst richtet es sich an Quereinsteiger und Nicht-Profis auf diesem Spezialgebiet.

- Gedacht ist zunächst an Auszubildende und Studierende im Bereich der Wohnungs- und Immobilienwirtschaft. Das Buch soll klassische Lehrinhalte ergänzen und vor allem ein gutes Nachschlagewerk sein.
- Weiterhin richtet es sich an Praktiker aus dem Immobilienbereich, wie z. B. Projektentwickler, Makler und Berater aus der Immobilienwirtschaft, aber auch an (künftige) Investoren und Nutzer von Immobilien, die sich mithilfe dieser Zusammenstellung einen Überblick über ganz konkrete Projekte verschaffen wollen.
- Auch Mitarbeiter von Kreditinstituten, die als Kreditgeber auftreten, Wirtschaftsprüfer und Controller, die sich nicht ständig mit Immobilienprojekten befassen, finden sicherlich interessante Fakten.

Das Buch umfasst wichtige Kennzahlen und Definitionen aus Bau- und Immobilienwirtschaft. Es erhebt aber keinesfalls den Anspruch, sämtliche mögliche und bekannte Kennzahlen aufzuführen — das wäre vermessen. Die Auswahl von Kennzahlen ist immer abhängig vom verfolgten Zweck. Und letztlich bedürfen Kennzahlen immer der Interpretation. Sich bei Entscheidungen allein auf die Ausprägung der einen oder anderen Kennzahl zu verlassen und ohne

weiteres Nachdenken kausale Zusammenhänge anzunehmen, ist nicht ziel-
führend. So gibt es immer wieder Fälle, in denen Projekte letztlich scheitern,
die hinsichtlich der Ausprägung bestimmter Kennziffern ursprünglich zu opti-
mistischer Betrachtung Anlass gaben. Genauso gibt es aber auch den umge-
kehrten Fall: Mit Engagement, persönlichem Können und auch dem nötigen
Quantum Glück werden schwierige Projekte doch noch erfolgreich abgeschlossen.

Im ersten Kapitel des Buches werden wir kurz auf den Sinn von Kennzahlen und den Umgang mit ihnen eingehen. Die folgenden Kapitel widmen sich
dann unterschiedlichen Bereichen der Immobilienwirtschaft:

- Wir beginnen mit den Gründen und Zielen einer Immobilieninvestition und
  unterscheiden dort nach ertragsorientiertem Investment und der Eigen-
  nutzung.
- Es folgt ein Kapitel zur Beurteilung von Immobilienprojekten, unterteilt
  nach materiellen und finanziellen Größen. Auch einige Kennzahlen des
  Baurechts finden dort ihren Platz.
- Kennzahlen, die die Beurteilung des regionalen Marktes erleichtern sollen,
  sind Gegenstand des nächsten Abschnitts.
- Es folgen Abschnitte zu den Bereichen „Bewirtschaftung von Immobilien"
  und „Bewertung von Immobilien".
- Den Abschluss bilden Kapitel zur Beurteilung von Immobilienunternehmen
  und zu wichtigen Finanzkennzahlen.

Den Begriff „Kennzahl" verstehe ich nicht als reine Rechenvorschrift. Neben
Berechnungsformeln finden Sie an vielen Stellen Aussagen zur günstigen
Ausprägung von Kennzahlen, Querverbindungen zu anderen Bereichen und
zum wirtschaftlichen Hintergrund. Weiterhin habe ich mich bemüht, neben
Kennzahlen auch wichtige Definitionen aus der Immobilienwirtschaft in die
Betrachtungen einfließen zu lassen.

Ich wünsche Ihnen, dass Sie mithilfe dieser Schrift das eine oder andere Problem lösen können und darüber hinaus auch Spaß bei der Lektüre haben.

Jena im April 2014

Helmut Geyer

2 Zum Umgang mit Kennzahlen

2.1 Sinn und Probleme der Kennzahlenbildung

Kennzahlen dienen dazu, eine Vielzahl von Einzelangaben in einer Form zusammenzufassen, die es ermöglicht, diese Informationen zu überblicken und Schlussfolgerungen zu ziehen.

▶ **BEISPIEL: Preis/m^2**

Sie wissen, dass eine Immobilie aus zwölf Zimmern unterschiedlicher Größe, aus diversen Fluren, Treppenhäusern und Nebengelassen besteht. Das Grundstück ist 1.200 m² groß. Als Vergleichsmaßstab dient Ihnen eine einfache Kennzahl: der Preis pro Quadratmeter Wohnfläche, wahlweise inklusive oder exklusive Grundstück. So kommen Sie beispielsweise auf einen Wert von 2.050 EUR/m² Wohnfläche für das Haus bzw. 3.000 EUR/m² Wohnfläche einschließlich des Grundstückspreises. Anhand dieser Kennzahl entscheiden Sie, ob das Objekt für Sie infrage kommt oder der geforderte Preis evtl. zu hoch ist.

Oder zusammengefasst: Kennzahlen ermöglichen es erst, komplexe wirtschaftliche Zusammenhänge in einfacher Form darzustellen.

Allerdings sollte man sich bewusst machen, dass diese Vereinfachung, die Zusammenfassung vielschichtiger Verflechtungen, auch Probleme mit sich bringt.

Einzelinformationen gehen verloren

Nicht selten werden Kennzahlen gedankenlos als alleiniges Entscheidungskriterium herangezogen. Dabei wird außer Acht gelassen, dass in dieser Zahl große Mengen von Informationen komprimiert sind. Die Konzentration auf nur *eine* Kennzahl bringt es automatisch mit sich, dass wichtige Erkenntnisse über Einzelinformationen, die die Ausprägung der Kennziffer beeinflussen, verloren gehen. Dieser Nachteil kann (zumindest teilweise) durch die Nutzung von Kennzahlensystemen abgebaut werden. Je nach gewünschter Aussage wird man demnach sein System von Kennzahlen gestalten.

Gegenseitige Abhängigkeit

Gerade dann, wenn man komplexere Projekte mittels Kennzahlen darstellen will, liegt es im Ermessen des Betrachters, welche Kennzahlen ausgewählt werden. Dabei sollte man darauf achten, nicht die gleiche wirtschaftliche Aussage mit verschiedenen Kennzahlen auszudrücken. Besser ist es, möglichst nicht miteinander korrelierte Kennzahlen zur Entscheidungsfindung heranzuziehen. Je weniger Überschneidungen es zwischen den Aussagen der einzelnen Kennzahlen gibt, desto höher ist der Informationsgehalt.

Sinnfreie Kennzahlen

Nicht jede Kennzahl, die sich berechnen lässt, hat für die Entscheidungsfindung auch einen Sinn. Die Analyse unwichtiger Daten bindet lediglich Kapazitäten. Man sollte sich im Vorfeld überlegen, welche Entscheidungen getroffen werden sollen und auf welcher Basis dies erfolgen wird. Andere als die dafür erforderlichen Daten zu erheben und zusammenzustellen, ist kontraproduktiv.

Zähler und Nenner ändern sich

Bei Verhältniszahlen kommt es häufig vor, dass sich Zähler und Nenner im gleichen Maße ändern. Dadurch gibt es keinen neuen Wert für das Verhältnis, obwohl sich die Ausgangsgrößen gegebenenfalls stark verschoben haben. Das kann schnell zu Fehlentscheidungen führen, wenn allein die Verhältniszahl als Entscheidungskriterium dient.

Vergangenheitsbezogene Werte

Gerade Finanzkennzahlen (bspw. zur Beurteilung der Finanzkraft eines Immobilienunternehmens) beruhen auf Daten der Vergangenheit. Gern geht man implizit davon aus, dass sich die Rahmenbedingungen der Vergangenheit auch künftig nicht wesentlich ändern werden. Demzufolge unterstellt man, dass die finanziellen Beziehungen, die in den Kennzahlen ausgedrückt werden, auch weiterhin gelten. Ist das aber nicht der Fall, kann man zu deutlich falschen Schlussfolgerungen gelangen.

Scheingenauigkeiten

Bereits in der Schule lernt man, dass kein Ergebnis einer Rechnung genauer sein kann als seine Ausgangsgrößen. Jedoch suggeriert die Verarbeitung von Kennzahlen z. B. über Kalkulationsprogramme häufig eine Genauigkeit, die nicht vorhanden ist.

> **BEISPIEL: Instandhaltungsquote**
>
> Die Instandhaltungsquote berechnet sich als Quotient der Instandhaltungskosten und der Jahresnettomiete. Sie wird in Prozent angegeben. Wird sie als Planzahl berechnet, sind sowohl Zähler als auch Nenner geschätzte Werte. Man weiß im Vorfeld nicht genau, in welcher Höhe Instandhaltungskosten tatsächlich anfallen werden. Auch ist eine genaue Abgrenzung von Instandhaltung und Instandsetzung praktisch kaum möglich. Ebenso ist die Jahresnettomiete nur ein Anhaltswert, ermittelt aus den Mieteinnahmen des letzten Jahres. Demzufolge ist ein ermittelter Wert der Instandhaltungsquote von 8,76 % zwar formal richtig berechnet, hat aber keine sinnvolle Aussage. Besser wäre es, von etwa neun oder auch rund zehn Prozent Instandhaltungsquote auszugehen.

Blinde Zahlengläubigkeit führt schnell zu falschen Ergebnissen. Kennzahlen können eine ganzheitliche Betrachtungsweise nicht ersetzen. Sie können allerdings Hinweise auf Schwachstellen, künftige Entwicklungen usw. geben, eine systematische Analyse ist trotzdem erforderlich.

Kennzahlen müssen gedeutet werden und ersetzen nicht das selbstständige Denken!

2.2 Vergleichsmaßstäbe

Die Aussagekraft einer für sich allein stehenden Kennzahl geht gegen null. Erst der Vergleich macht es möglich, aus Kennzahlen Schlussfolgerungen zu ziehen. Es steht die Frage, welcher Vergleichsmaßstab zu wählen ist. Grundsätzlich infrage kommen

- der Zeitvergleich (bilden einer Zeitreihe),
- der Objektvergleich und
- der Soll-Ist-Vergleich.

Zeitvergleich

Um eine aktuelle Situation fundiert beurteilen zu können, werden die aufeinanderfolgenden und nach dem gleichen Schema berechneten Kennzahlen aneinandergereiht. Dabei ist es möglich, bestimmte Zeiträume (z. B. Jahre) oder bestimmte Zeitpunkte miteinander zu vergleichen.

▶ BEISPIEL: Leerstandsquote

Es ist ein Unterschied, ob man die durchschnittlichen Leerstände der vergangenen Jahre oder die stichtagsbezogenen Leerstände beispielsweise des 1. Januars der einzelnen Jahre dem Gesamtbestand an Wohnungen gegenüberstellt. So kann es durchaus vorkommen, dass der Leerstand zum Monats- und damit auch zum Jahresbeginn immer über dem Durchschnitt liegt, weil Mietverträge erfahrungsgemäß oft zum Monatsende gekündigt werden und eine Weitervermietung erst nach einer malermäßigen Instandsetzung einige Tage oder Wochen später erfolgt.

Nur bei einem ausreichend lang gewählten Zeitraum kann man auch sinnvolle Schlüsse ziehen. Sind die betrachteten Zeitreihen zu kurz, besteht die Gefahr, dass einzelne Zahlen aufgrund untypischer Gegebenheiten deutlich abweichen und demzufolge den Durchschnitt und auch bestimmte Entwicklungstrends verzerren. Man geht zumeist davon aus, dass sinnvolle Zeitvergleiche mindestens fünf Werte umfassen sollten.

! **ACHTUNG**

Nicht immer sind Vergleiche auf Basis von Jahresdurchschnitts-/Durchschnittswerten sinnvoll. Immer dann, wenn es innerhalb eines Jahres starke Schwankungen zu verzeichnen gibt (z. B. wetterbedingtes Ruhen von Bauarbeiten im Winter), empfiehlt es sich, zum Beispiel die Monatswerte der einzelnen Jahre zu vergleichen (Ausprägung der Kennzahl im Januar des letzten Jahres, im Januar des Vorjahres, im Januar des Vorvorjahres usw.; genauso dann die Kennzahl jeweils im Februar, März usw. der einzelnen Jahre).

Zeitvergleiche bergen aber auch ein anderes Problem: Mithilfe eines Zeitvergleichs ist lediglich die relative Veränderung (Verbesserung oder Verschlechterung) erkennbar. Ob überhaupt ein wirtschaftlich sinnvolles Maß erreicht wurde, kann man nur mit einem zusätzlichen Objektvergleich feststellen.

Objektvergleich

Der Objektvergleich ist eine *externe Form* des Vergleichs. Das führt einerseits dazu, die Ausprägung bestimmter betriebs- oder objektbezogener Kennzahlen in ihrer absoluten Höhe zu beurteilen, andererseits steht die Frage, welche externen Vergleichsobjekte infrage kommen.

Vergleicht man beispielsweise sein eigenes mit anderen Unternehmen der Immobilienbranche, müssen diese Unternehmen hinsichtlich der Größe, der Geschäftsfelder, der regionalen oder überregionalen Ausrichtung, der Organisationsstruktur („Einzelkämpfer" gegen bundes- oder europaweit agierende Immobilienagenturen mit Filialen in verschiedenen Städten), des finanziellen Hintergrundes usw. auch vergleichbar sein. Es wird schwer sein, hier passende Vergleichsmaßstäbe zu finden.

Möglich und auch üblich sind jedoch Vergleiche mit einer Benchmark, z. B. dem branchenspezifischen Marktführer oder einem Branchendurchschnitt.

▶ BEISPIEL: Verwaltungskosten/m² Wohnfläche

Der Vergleich der eigenen Verwaltungskosten pro Quadratmeter Wohnfläche mit dem Durchschnitt aller gewerblichen Immobilienunternehmer ist ein guter Indikator, der anzeigt, wo das eigene Vermietungsunternehmen im Branchendurchschnitt steht.

Der Objektvergleich eignet sich nicht nur zum Vergleich von Immobilienunternehmen, sondern auch zur Beurteilung einzelner Objekte. So kann man bspw. anhand der erforderlichen Sanierungskosten/m² Wohnfläche ermitteln, ob diese über oder unter dem ortsüblichen Durchschnitt liegen, und daraus auf den Zustand des Objektes schließen.

Auch bei absoluten Zahlen erfolgt zumeist ein Objektvergleich, wenn auch nicht immer bewusst. Wird ein Kaufpreis von 2.600 EUR/m² Wohnfläche genannt, ist das eine absolute Zahl, die zunächst keinen Vergleichsmaßstab kennt. Trotzdem wird ein potenzieller Investor diesen Wert mit seinen Vorstellungen, die er z. B. aus der Erfahrung anderer Projekte erworben hat, abgleichen und danach entscheiden, ob dieser Preis akzeptabel, günstig oder zu hoch ist. Das einzige Problem besteht darin, dass der Vergleichsmaßstab subjektiv geprägt ist. Was dem einen Investor zu teuer erscheint, kann bei einem anderen Investor durchaus Akzeptanz finden.

Auch der Vergleich mit Branchendurchschnitten oder regionalen Gegebenheiten liefert keine absoluten Aussagen. So weichen Durchschnittsmieten in prosperierenden Großstädten deutlich von den Mieten im ländlichen oder strukturschwachen Raum ab. Auch innerhalb räumlich begrenzter Vergleiche kann es deutliche Unterschiede geben.

▶ BEISPIEL: Lage im Wohngebiet

Eine Villa, gelegen an einer vierspurigen Ringstraße, wird im Vergleich zu einer lediglich 50 bis 100 Meter entfernten vergleichbaren Villa in zweiter Reihe mit deutlichen Preisabschlägen gehandelt.

Ähnliches gilt, wenn beispielsweise die Daten von gewerblichen Vermietungs-unternehmen mit dem Branchendurchschnitt des Bundeslandes verglichen werden. Das Preisgefüge am Tegernsee ist ein anderes als im ländlichen Nie-derbayern, die Leerstandsquote in Weimar ist eine andere als in Nordthüringen.

Soll-Ist-Vergleich

Der Soll-Ist-Vergleich bietet sich an, wenn beispielsweise die tatsächlich an-gefallenen Kosten eines Immobilienprojektes mit den ursprünglich geplanten Kosten des Projektes verglichen werden.

Bei der Analyse solcher Kennzahlen ist darauf Wert zu legen, aus welchen Gründen Kostenabweichungen aufgetreten sind. So können einerseits Preis-steigerungen, andererseits aber auch interne Faktoren zu Kostensteige-rungen geführt haben. Projektcontrolling bei Immobilienprojekten ist keine einfache Sache. Ein Beispiel hierzu finden Sie in Andreas Klein (Hrsg.), Investi-tions- und Projektcontrolling[1].

Das Problem fixer und variabler Kosten tritt letztlich auch bei Immobilienpro-jekten auf. So ist beim Soll-Ist-Vergleich immer in die Betrachtung einzubezie-hen, ob das tatsächlich realisierte Projekt auch dem ursprünglich geplanten Projekt entspricht. Wenn z. B. Kostensteigerungen entstanden sind, weil auf einem zusätzlich erworbenen Grundstück weitere, über das Ursprungspro-jekt hinausgehende Stellplätze errichtet wurden, sind die darauf entfallenden Kosten variabel. Keine Aussage trifft diese Betrachtung jedoch zu den Fragen, ob diese Stellplätze überhaupt erforderlich waren und, wenn ja, warum sie nicht im Projekt berücksichtigt wurden.

---

[1]   siehe Geyer (2013a), Investitionscontrolling am Beispiel eines Immobilienprojektes

2.3 Arten von Kennzahlen

Eine übliche Form der Systematisierung von Kennzahlen ist ihre Einteilung in

- Grundzahlen und
- Verhältniszahlen.

Einzelne Grundzahlen vermitteln allenfalls eine Vorstellung von der Größenordnung. Sie lassen sich direkt aus Projektdaten, Plänen und sonstigen Unterlagen ablesen oder indirekt durch Addition, Subtraktion oder Multiplikation (nicht jedoch Division) anderer Grundzahlen ermitteln. Grundzahlen sind die Basis jeder Kennzahlenanalyse, bedürfen jedoch immer eines Vergleichsmaßstabes. In der Regel ist das eine zeitliche Gegenüberstellung oder ein Objektvergleich. Solche Grundzahlen sind z. B. die Wohnfläche in Quadratmetern (direkte Ermittlung aus dem Bauplan), der Kaufpreis in Euro (als direkte Angabe aus dem Kaufvertrag) oder die Gesamtkosten eines Projektes (indirekt ermittelt durch Addition aus den Einzelkosten) oder die Jahresmiete in Euro (indirekt ermittelt aus der Multiplikation der Monatsmiete mit 12).

Verhältniszahlen entstehen durch die Bildung eines Quotienten. Auf diese Weise lassen sich Beziehungen verdeutlichen, die allein mit einer Grundzahl nicht zu erfassen wären. Wichtig ist, dass die ins Verhältnis gesetzten Größen auch in einem sinnvollen Zusammenhang stehen. So ist es sinnvoll, den Gesamtpreis eines Objektes mit der Wohnfläche in Quadratmetern ins Verhältnis zu setzen — auf diese Weise erhält man den Preis/m² und kann so gut einen Vergleich mit anderen Objekten anstellen. Weniger sinnvoll wäre es, den Überschuss eines Immobilienprojektes mit dem gesamten eingesetzten Kapital in Verbindung zu bringen. Der Überschuss nach Zinsen und Steuern steht den Eigenkapitalgebern zu, das Fremdkapital müsste man also außen vor lassen.

Verhältniszahlen treten auf in Form von

- Gliederungszahlen (Anteil an einer Gesamtheit). Das wären z. B. die Kosten für den Tiefbau, für den Rohbau oder für den Sanitärbereich an den Gesamtkosten des Projektes.

- Beziehungszahlen (Verhältnis zwischen zwei Zahlen aus unterschiedlichen Grundgesamtheiten, die miteinander in einer sinnvollen Beziehung stehen). Ein Beispiel ist die Geschossflächenzahl, die das Verhältnis der Geschossfläche der Vollgeschosse zur Fläche des Baugrundstücks angibt.
- Indexzahlen (Entwicklungszahlen). Hier interessiert die zeitliche Entwicklung einer Kennzahl im Vergleich zu einer Ausgangsgröße, die gleich 100 % gesetzt wird. Ein Beispiel ist der offizielle Baukostenindex. Er wird durch das Statistische Bundesamt veröffentlicht und setzt die durchschnittlichen heutigen Baukosten zu denen des Jahres 1914 ins Verhältnis.

Bedeutsam bei der Arbeit mit Kennzahlen ist vor allem ihre genaue Definition. Da vielen Kennzahlen keine rechtsverbindliche Berechnungsvorschrift zugrunde liegt, ist es wichtig, sich über die konkret verwendeten Ausgangsgrößen zu informieren. Ansonsten besteht die Gefahr, „Äpfel mit Birnen" zu vergleichen.

Auf dieses Problem wird hier insofern eingegangen, als wesentliche Definitionen, auch wenn es sich nicht um Rechenvorschriften handelt, mit aufgenommen wurden.

3 Allgemeine Kennzahlen und Definitionen

3.1 Gründe und Ziele einer Immobilieninvestition

Je nachdem, welche Ziele mit einer Immobilieninvestition verfolgt werden, bieten sich unterschiedliche Kennzahlen an. Der Nutzung für eigene Wohnzwecke liegen andere Nutzenkriterien zugrunde als bei einem ertragsorientierten Investment. Sinnvoll ist also folgende Unterteilung[2]:

- eigene Nutzung
- Vermietung/Verpachtung, mit diesen grundsätzlichen Zielen:
  - Schaffen von Eigentum mit dem Ziel laufender Einnahmen
  - Erzielen von Spekulationsgewinnen durch die erwartete Wertsteigerung von Immobilien

Im zweiten Fall, also der Vermietung und Verpachtung, ist es grundsätzlich gleichgültig, ob es sich um gewerbliche Immobilienunternehmen oder um Gelegenheitsvermieter handelt. Der Unterschied liegt vor allem im Volumen.

Bei Gelegenheitsvermietern kann noch ein weiterer Aspekt hinzukommen, nämlich die

- Verminderung des zu versteuernden Einkommens durch Absetzungsbeträge (Verluste aus Vermietung und Verpachtung).

Ob und wann der Erwerb einer Immobilie wirtschaftlich sinnvoll ist, ist nicht Gegenstand dieses Buches. Eine Reihe von Fragen, denen sich der potenzielle Investor stellen muss, ist allerdings genauso auch für den Mitarbeiter der finanzierenden Bank oder für den Makler, der die Vertragspartner zusammenbringen will, relevant. Fragt sich der potenzielle Käufer eines Eigenheims,

---

[2] vgl. Geyer (2008), Immobilien und ihre Finanzierung, S. 37 ff.

ob er dauerhaft in der Lage sein wird, den Aufwand für Zinszahlungen und Tilgungsleistungen zu erbringen, wird der Bankmitarbeiter, der die Finanzierung des Vorhabens begleiten soll, die gleiche Frage stellen, wenn auch aus anderem Grund.

3.2 Kennzahlen zu den Kreditformen

3.2.1 Zinsbindung

Die Zinsbindung (oder: Zinsbindungsdauer, Zinsbindungsfrist) ist der zwischen dem Kreditinstitut und dem Kreditnehmer vereinbarte Zeitraum, in dem der Zinssatz nicht verändert werden darf. Wird keine Zinsbindung vereinbart, gilt ein variabler Zinssatz. Dementsprechend spricht man auch von „Festzinsdarlehen" und „zinsvariablen Darlehen".

Zinsvariable Darlehen können grundsätzlich jederzeit mit einer Frist von drei Monaten gekündigt werden. Anders sieht es bei grundpfandrechtlich gesicherten Darlehen mit fester Zinsbindung aus.

Eine vorzeitige Kündigung durch den Kreditnehmer ist nur in zwei Fällen gesetzlich anerkannt:

- Verkauf der Immobilie
- Nutzung der Immobilie zur Absicherung eines zusätzlich benötigten Kredites

In allen anderen Fällen ist der Kreditnehmer auf die Zustimmung des Kreditinstitutes angewiesen. Gegebenenfalls wird das Kreditinstitut trotzdem einer Rückzahlung zustimmen, dann aber eine Vorfälligkeitsentschädigung verlangen. Die Verpflichtung zur Zahlung einer Vorfälligkeitsentschädigung besteht auch in den beiden o. g. Fällen.

Für Verbraucher als Darlehensnehmer gilt generell ein ordentliches Kündigungsrecht nach Ablauf von zehn Jahren mit einer Kündigungsfrist von sechs Monaten (§ 489 Abs. 1 S. 2 BGB). Er hat somit einen einseitigen Vorteil gegenüber dem Kreditinstitut, wenn eine längere Zinsbindung vereinbart war.

Entscheidend für die Wahl eines festen oder variablen Zinses sowie der Zinsbindungsdauer bei einer Festverzinsung ist die Frage, mit welcher künftigen Zinsentwicklung gerechnet wird:

Aktuelle Situation/ Erwartung	Gewählte Variante
vergleichsweise hohes Zinsniveau, Erwartung fallender Zinsen	variabler Zinssatz, um von den fallenden Darlehenszinsen zu profitieren
mittleres oder niedriges Zinsniveau, Erwartung steigender Zinsen	Zinsfestschreibung: Je niedriger die aktuellen Zinsen sind, desto länger sollte die Zinsbindungsdauer gewählt werden, um sich das aktuelle Zinsniveau zu sichern.

Die Zinsbindungsdauer kann grundsätzlich frei vereinbart werden. Üblich sind fünf oder zehn Jahre, teilweise können aber auch längere Laufzeiten vereinbart werden.

Der Vorteil der Zinsbindung besteht in der sicheren Planung. Der Nachteil liegt darin, dass auch bei fallenden Zinsen keine vorfristige Rückzahlung und danach ein Neuabschluss zu einem niedrigeren Zinssatz möglich ist.

3.2.2 Vorfälligkeitsentschädigung

Bei einer vorzeitigen Kündigung durch den Kreditnehmer entsteht der Bank ein Zinsausfallschaden. Dieser Schaden entsteht allerdings nur dann, wenn gilt: vertraglich vereinbarter Zins > aktueller Zins eines Ersatzgeschäftes

Berechnungsschema (Aktiv-Passiv-Methode):

- Erfassung der nun ausfallenden Zahlungen (entgangene Zinseinnahmen) an das Kreditinstitut
- (fiktive) Anlage des zurückgezahlten Darlehens in Hypothekenpfandbriefen oder anderen öffentlichen Anleihen mit adäquater Laufzeit und den dafür geltenden laufzeitabhängigen Renditen
- Berechnung des Geldbetrages, den das Kreditinstitut einsetzen müsste, um aus diesen Ersatzgeschäften die gleichen Zahlungen zu erzielen, die sie aus dem Kredit bekommen hätte
- Die Differenz ist der entstandene Schaden und damit die berechnete Vorfälligkeitsentschädigung.

Berechnungsschema (Aktiv-Aktiv-Methode):

Hier werden die entgangenen Zinseinnahmen mit denen 36, die bei einem Ersatzdarlehen mit gleicher Restlaufzeit erlöst werden können.

Der auf diese Weise ermittelte „Zinsverschlechterungsschaden" ist zu korrigieren um

- die durch das nicht mehr vorhandene Darlehen reduzierten Risikokosten (0,1-0,15 Prozentpunkte) und
- die Verwaltungskostenersparnis (Pauschale, z. B. 4 EUR je Buchungsvorgang).

Im Gegenzug wird eine Verwaltungskostenpauschale für die Bearbeitung berechnet.

> **● TIPP**
>
> Die genaue Berechnung der Vorfälligkeitsentschädigung ist regelmäßig
> Streitpunkt zwischen den Kreditinstituten und den Verbrauchern bzw.
> Verbraucherschutzorganisationen. Da die zum Vergleich herangezogenen
> Zinssätze nicht immer exakt nachzuvollziehen sind, gibt es zwischen den
> einzelnen Rechnungen und den diversen im Internet zu findenden Vor-
> fälligkeitsrechnern immer wieder Differenzen. Die grundsätzliche Berech-
> tigung zur Berechnung einer solchen Entschädigung ist aber höchstrich-
> terlich bestätigt.

Ein Vergleich der in der EU geltenden Bedingungen ergibt, dass es in allen
Ländern gesetzliche Regelungen zur Berechnung der Vorfälligkeitsentschädigung gibt. Diese sind im Einzelfall aber unterschiedlich gestaltet. Empirisch
sind die Vorfälligkeitsentschädigungen in Deutschland mit am höchsten, im
Gegenzug liegen die Hypothekenzinsen aber am unteren Ende.

3.2.3 Annuitätendarlehen

Das Annuitätendarlehen ist die am weitesten verbreitete Form der Immobilien-
kredite. Es ist dadurch gekennzeichnet, dass die monatlichen (jährlichen) Raten
immer gleich bleiben. Der zu zahlende Betrag setzt sich aus einem Zins- und
einem Tilgungsanteil zusammen. Da mit jeder Rate ein Bruchteil des Darlehens
getilgt wird, fallen in der nächsten Rate weniger Zinsen an. Diese Differenz, also
die eingesparten Zinsen, werden dazu verwendet, mit der nächsten Zahlung
einen größeren Betrag zu tilgen. Das führt dazu, dass sich mit jeder gezahlten
Rate der darin enthaltene Anteil der Zinsen verringert und damit der Tilgungsanteil erhöht.

Die Zusammensetzung von Zins und Tilgung nimmt also im Zeitverlauf etwa
folgende Form an:

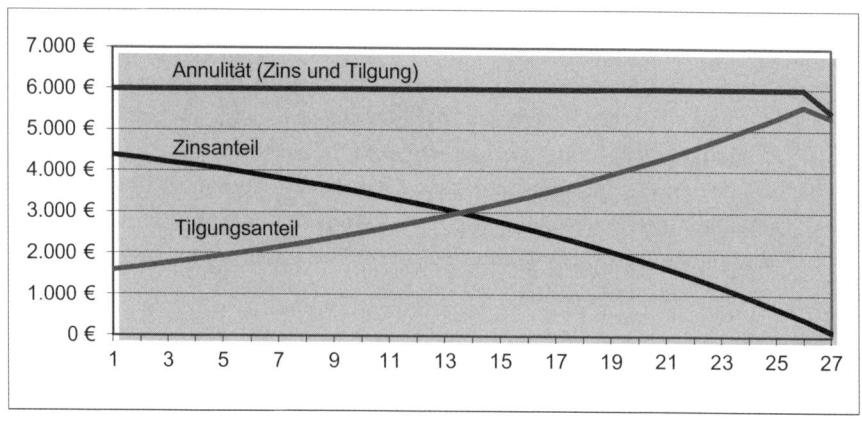

Abb. 1: Zins und Tilgung im Zeitverlauf

Die Summe der Tilgungs- und der Zinsen-Balken ist, bis auf die letzte Rate, immer gleich. Es ist zu erkennen, dass der Zinsanteil zunächst langsam, dann immer stärker fällt, während die Tilgungsleistungen zu Beginn gering sind und gegen Ende der Laufzeit fast die gesamte Rate umfassen.

Berechnungen im Zusammenhang mit dem Annuitätendarlehen

Praktikerformel zur Berechnung der monatlichen Rate:

Ziel ist es, die Höhe der monatlichen Rate zu berechnen, wenn gegeben sind:

Darlehenssumme S_0	= 100.000 EUR
Zinssatz i	= 5 %
vereinbarte Tilgung im ersten Jahr	= 1 %

Daraus ergibt sich eine jährliche Zahlung von 6 % der Darlehenssumme = 6.000 EUR.

Die monatliche Rate beträgt damit 6.000 EUR/12 Monate = 500 EUR/Monat.

Diese einfache Rechnung gibt noch keine Auskunft darüber, wie hoch der Tilgungs- und der Zinsanteil in den einzelnen Raten sind. Weiterhin kann man auf diese Weise nicht berechnen, wie lang die eigentliche Darlehenslaufzeit ist.

Bestimmung der Annuität bei gegebener Laufzeit:

Die Berechnung erfolgt nach folgender Formel[3]:

$$R = S_O \cdot \frac{i \cdot (1+i)^n}{(1+i)^n - 1} = S_O \cdot \frac{i \cdot q^n}{q^n - 1}$$

Bezeichnungen:
R = jährliche Annuität
S_0 = Kreditsumme (Darlehenssumme)
i = Zinssatz
n = Laufzeit in Jahren
q = 1 + i

In Worten bedeutet das:

$$Annuität = Kreditsumme \cdot Annuitätenfaktor = Kreditsumme \cdot \frac{Zinssatz \cdot (1 + Zinssatz)^{Laufzeit}}{(1 + Zinssatz)^{Laufzeit} - 1}$$

Die Berechnung ist von praktischem Interesse, um zu ermitteln, welche jährliche Summe zu entrichten ist, um bei einer annuitätischen Gestaltung des Darlehens in einer vorgegebenen Laufzeit n das Darlehen vollständig zu tilgen.

Bei einer geplanten Laufzeit von n = 5 Jahren und einer Kreditsumme von 100.000 EUR ergibt sich eine jährliche Annuität von 23.097,48 EUR. Es werden insgesamt 115.487,41 EUR gezahlt, davon 15.487,41 EUR Zinsen.

---

[3]   zur Herleitung siehe u. a. Luderer & Würker (2000), S. 106 ff.

Bestimmung der Laufzeit bei gegebener Annuität:

Basis ist die obige Formel, die nach n umzustellen ist. Die anderen Größen sind bekannt. Durch weitere Umformungen ergibt sich:

$$n = \frac{\ln\left(1 + \dfrac{i}{t}\right)}{\ln(1 + i)}$$

Dabei ist t der Tilgungssatz, berechnet nach der einfachen Gleichung

$$t = \frac{R}{S_0} - i$$

Wird nicht jährlich, sondern, wie allgemein üblich, monatlich gezahlt, verändert sich die Formel in

$$n = \frac{\ln\left(1 + \dfrac{i}{t}\right)}{\ln\left(1 + \dfrac{i}{m}\right)}$$

n ist jetzt die Gesamtzahl der Raten und m die Anzahl der Zahlungstermine pro Jahr.

Diese Berechnungen sind nur dann korrekt, wenn sich der Zinssatz während der gesamten Laufzeit nicht ändert.

Bedeutsam ist diese Form der Berechnung, wenn man wissen will, wie lange es dauert, ein Darlehen annuitätisch zu tilgen, wenn die **Höhe der Rate vorgegeben** ist. Ein Grund dafür könnte sein, dass der Kreditnehmer aufgrund seiner Einkommenssituation nur eine bestimmte Höhe des Kapitaldienstes verkraften kann.

TIPP

Die Berechnungen

■ zur Höhe der monatlichen Rate bei nicht vorgegebener maximaler Laufzeit (Praktikerformel),

■ zur Höhe der Rate bei vorgegebener Laufzeit (z. B. vorgesehene Tilgung vor dem Erreichen eines bestimmten Alters des Kreditnehmers) oder

■ der Dauer der Finanzierung, wenn die Höhe der monatlichen Rate begrenzt ist,

sind entscheidend für die Frage, ob ein Kreditinstitut überhaupt einer solchen Finanzierung nähertreten will. Andererseits sollte sich jeder Kreditnehmer über diese Eckdaten im Klaren sein.

3.2.4 Ratendarlehen

Die monatliche Laufzeit berechnet sich wie folgt:

$$Laufzeit\ in\ Monaten = \frac{Kreditsumme}{monatlicher\ Tilgungsbetrag}$$

Beim Ratendarlehen erfolgt die Tilgung in immer gleichbleibenden Raten. Zinsen werden auf den jeweiligen Kapitalrest berechnet. Damit bleiben der Zinssatz und die absolute Höhe der Tilgung konstant, während sich die insgesamt zu zahlende Summe verringert. Ratendarlehen sind klassisch für Teilzahlungskredite und treten bei Immobilienkrediten nur relativ selten auf.

Im Vergleich zu einem Annuitätendarlehen erfolgt die Tilgung bei einem Ratendarlehen ceteris paribus schneller. Dem steht der Nachteil gegenüber, dass gerade zu Beginn der Finanzierung der aus Zins und Tilgung bestehende Kapitaldienst am höchsten ist.

3.2.5 Endfälliges Darlehen

Zu erbringen sind monatlich die folgenden Zahlungen:

- Nominalzins laut Kreditvertrag auf die vollständige Darlehenssumme und
- Ansparleistungen in Abhängigkeit von der gewählten Form.

Bearbeitungsgebühren und ähnliche Leistungen an die Bank sind i. d. R. zu Beginn des Vertrages in einer Summe fällig.

Bei einem endfälligen Darlehen erfolgen während der Laufzeit des Kredites keine Tilgungsleistungen. Lediglich die Zinsen auf die (während der Laufzeit unveränderte) Darlehenssumme fallen an. Das macht es erforderlich, parallel Geld anzusparen, um am Ende der Laufzeit das Darlehen in einer Summe tilgen zu können. Geeignete Ansparmöglichkeiten sind z. B.

- Kapitallebensversicherungen,
- Bausparverträge,
- Ansparverträge u. Ä.

TIPP

Wenn bereits eine Lebensversicherung, ein Bausparvertrag oder eine andere Variante des Ansparens vorhanden ist, verringert ein endfälliges Darlehen den Liquiditätsabfluss. Es müssen nicht parallel zwei Verträge (der Kredit und der Ansparvertrag) bedient werden.

Die Ansprüche aus den Ansparverträgen werden regelmäßig an das finanzierende Institut abgetreten. Diese Abtretung erfolgt offen (Information an das Institut, bei dem die Ansparung erfolgt). Bei Zahlungsstockungen wird damit die finanzierende Bank umgehend informiert und kann Gegenmaßnahmen einleiten.

Da sich während der Vertragsdauer die Kreditsumme nicht verringert, ist die absolute Zinsbelastung höher als bei Annuitäten- und Ratendarlehen. Gegebenenfalls kann dieser Nachteil über steuerliche Vorteile (Ansetzen der Zinsbelastung als Aufwand für Vermietung und Verpachtung) ausgeglichen werden.

Bei endfälligen Darlehen ist Folgendes zu beachten:

- Die auszuzahlende Summe aus der Ansparleistung muss der Darlehens-summe mindestens entsprechen, damit die Rückzahlung gesichert ist.
- Der Zeitpunkt der Darlehensfälligkeit muss entweder mit dem Auszah-lungszeitpunkt der Ansparvariante identisch sein oder nach der Auszah-lung liegen.

3.2.6 Forward-Darlehen

Kalkulation aus Banksicht:

Ein Zinssatz (Forward-Satz) wird heute festgelegt für einen Termin in der Zu-kunft (Auszahlung des Forward-Darlehens). Die Bank muss sich die Refinan-zierungsmittel für diesen Kredit zum entsprechenden Terminkurs beschaffen. Die Differenz zwischen dem Terminkurs und dem aktuellen Refinanzierungs-kurs wird auf die Darlehenslaufzeit verteilt. Demzufolge ist die Höhe des Zinsaufschlags im Vergleich zu einem sofort zur Auszahlung kommenden Darlehen abhängig von der Länge der Forward-Periode (Vorlauffrist) und der momentanen Zinsstruktur. Während der Forward-Periode fallen für den Kre-ditnehmer keine Kreditzinsen oder Bereitstellungsprovisionen an.

Die genaue Kalkulation der Zinsaufschläge erfolgt nach institutsinternen Kal-kulationsrichtlinien und impliziert oft auch marktpolitische Entscheidungen. So lässt sich beobachten, dass Anbieter mit aktuell niedrigen Darlehenszin-sen häufig die höchsten Aufschläge auf den Darlehenszins bei Nutzung des Forward-Darlehens einkalkulieren.

Entwickelt wurde das Instrument des Forward-Darlehens Mitte der 1990er-Jahre vor allem für Kunden aus dem Kreis der Wohnungsunternehmen. Ziel war es, deren Risiken aus Zinsänderungen (Zinserhöhungen) zu hedgen, indem Fest-zinssätze bereits mit einem mehrmonatigen oder mehrjährigen Vorlauf fest-gelegt werden. Mit dem Angebot eines Forward-Darlehens kann das Kreditins-titut seinem Kunden bereits vor Ablauf der Zinsbindungsfrist ein verbindliches Angebot für eine Anschlussfinanzierung (i. d. R. ein Annuitätendarlehen mit Festzinssatz) machen. Forward-Darlehen sind damit auch ein Instrument der

Kundenbindung im Bereich der gewerblichen Immobilienfinanzierung. Die Vorlauffristen sind frei vereinbar, üblich sind 12, 24 oder 60 Monate.

Inzwischen hat sich das Forward-Darlehen auch für den Bereich der privaten Kreditnehmer etabliert.

> **TIPP**
>
> Bei einem „unechten" Forward-Darlehen beginnt die Zinsbindung der Anschlussfinanzierung bereits mit dem Abschluss des Forward-Vertrages. Der Zeitraum der Sicherung des aktuellen Zinsniveaus wird damit um die Forward-Periode reduziert.

Ein Forward-Darlehen ist für den Kreditnehmer dann sinnvoll, wenn er mit steigenden Zinsen rechnet und sich das aktuelle Zinsniveau sichern will. Dieser Vorteil geht jedoch zulasten der Flexibilität: Steigen die Zinsen nicht wie erwartet oder sinken sie gar, muss das Forward-Darlehen trotzdem abgenommen werden. Tritt der Kreditnehmer von der Darlehensabnahme zurück, muss er mit der Zahlung einer Vorfälligkeitsentschädigung rechnen, auch wenn das Darlehen gar nicht ausgezahlt wurde.

3.2.7 Kreditlaufzeit

Unter der Kreditlaufzeit versteht man den Zeitraum von der Auszahlung des Kredites bis zur endgültigen Rückzahlung. Eine exakte Bestimmung der Laufzeit bei einem Annuitätendarlehen ist nur möglich, wenn während der gesamten Laufzeit der Zinssatz konstant bleibt (zur Berechnung siehe „Annuitätendarlehen").

> **TIPP**
>
> Je niedriger das aktuelle Zinsniveau und damit der vereinbarte Zinssatz des Darlehens ist, desto länger dauert die Tilgung. Das ist damit begründet, dass die ersparten Zinsen den Tilgungsanteil erhöhen, bei einem niedrigen Zinssatz ist die Zinsersparnis demnach auch geringer. Wird die gesetzlich vorgeschriebene Mindesttilgung von 1 % im ersten Jahr vertraglich vereinbart, ergeben sich je nach Zinssatz Darlehenslaufzeiten von etwa 20 bis deutlich über 30 Jahren.

Bei Ratendarlehen kann man die Laufzeit unter der Voraussetzung bestimmen, dass die Raten konstant bleiben und keine Sondertilgungen erfolgen. Bei endfälligen Darlehen wird die Laufzeit vertraglich festgelegt.

3.2.8 Kapitaldienst und Kapitaldienstfähigkeit

Berechnung des Kapitaldienstes

Kapitaldienst = monatlich zu zahlende Zinsen + monatliche Tilgung (in Euro)

$$Kapitaldienstrate = \frac{Kapitaldienst}{Kreditsumme} \cdot 100 = Zinssatz\ p.a. + Tilgungssatz\ p.a.$$

Unter dem Kapitaldienst versteht man also die Summe aus der monatlichen (oder jährlichen) Zahlung für Zinsen und für die Tilgung des Kredites. Der Kapitaldienst kann als absolute Größe (ausgedrückt in Euro) oder als Prozentzahl, bezogen auf die Kreditsumme (Kapitaldienstrate), angegeben werden. Die Angabe des Kapitaldienstes ist nur bei Annuitätendarlehen sinnvoll, da er bis zum Ende der Zinsbindungsfrist konstant bleibt.

▶ **BEISPIEL: Kapitaldienst in Prozent**

Wird bei einem Annuitätendarlehen von 100.000 EUR mit einem Zinssatz von 5,5 % eine anfängliche Tilgung von 1,5 % vereinbart, beträgt der Kapitaldienst 7,0 % von 100.000 EUR, also 7.000 EUR pro Jahr. Das entspricht einer monatlichen Rate von 583,33 EUR.

Bei Ratendarlehen ändert sich die Summe des Kapitaldienstes mit jeder gezahlten Rate. Bei endfälligen Darlehen entspricht der Kapitaldienst während der Laufzeit der Zinszahlung — mithin die Kapitaldienstrate dem Zinssatz.

Bedeutung der Berechnung des Kapitaldienstes

Der Sinn der Berechnung des Kapitaldienstes liegt darin zu prüfen, ob der Kreditnehmer voraussichtlich in der Lage sein wird, aus seinem Einkommen die Bedienung des Kredites zu gewährleisten.

Berechnungsschema

    Monatliches Nettoeinkommen der Familie*
- Kapitaldienst für die beantragten Finanzierungsmittel
- künftige Bewirtschaftungskosten der Immobilie. Diese werden oft in EUR/m² Wohnfläche angegeben und liegen bei ca. 3-4 EUR/m².
- Zinsen und Tilgungsleistungen für andere Verbindlichkeiten (z. B. Autokredit)
- sonstige regelmäßige Zahlungen (z. B. für eine Lebensversicherung, Bausparvertrag — nicht im Zusammenhang mit der beantragten Finanzierung stehend)
- Unterhaltszahlungen

= für die Lebenshaltung verbleibende Summe

*Falls nur ein Familienmitglied als Kreditnehmer auftritt, zählt nicht nur das Einkommen des Kreditnehmers, sondern aller im Haushalt vertretenen Personen, die zum Familieneinkommen beitragen.

Die Summen, die von den einzelnen Kreditinstituten als für die Lebenshaltung notwendig erachtet werden, unterscheiden sich entsprechend den institutsinternen Regeln. Als Anhaltspunkt kann gelten:

Darlehensnehmer (alleinstehend)	600 EUR
Partner	400 EUR
je Kind (altersabhängig)	200-300 EUR

Generell sollten die Darlehensverpflichtungen einen Anteil von etwa 50 % des Monatsnettoeinkommens der Familie nicht überschreiten.

Aus dem maximal leistbaren Kapitaldienst und den Kreditbedingungen (Zinsen, Tilgung) lässt sich umgekehrt auch die maximal mögliche Darlehenssumme berechnen:

$$Maximale\ Darlehenssumme =$$

$$maximale\ monatl.\ Belastung \cdot 12 \cdot \frac{100}{Zinssatz + Jahrestilgungrate}$$

Zinssatz und Jahrestilgung werden in Prozent angegeben.

BEISPIEL: Welches Darlehen ist bedienbar?

Der nach obigem Schema berechnete maximal zu erbringende Kapitaldienst sei 1.200 EUR/Monat. Der Zinssatz beträgt 4,5 %, die mindestens zu leistende Tilgungsrate 1 %. Damit ergibt sich:

$$Maximale\ Darlehenssumme = 1.200 \cdot 12 \cdot \frac{100}{4,5+1,0} = 261.818\,€ \approx 260.000\ €$$

Unter den genannten Bedingungen und der Annahme, dass sich der Zinssatz nicht ändert, könnte man dem Kreditnehmer maximal ein Darlehen von 260.000 EUR genehmigen.

3.2.9 Bereitstellungszinsen/Bereitstellungsprovision

Berechnung des grundsätzlich anfallenden Betrages

$$Bereitstellungszinsen\left(in\ Euro\right) = \frac{D \cdot \left(i_R - i_W\right)}{360} \cdot t$$

D = Darlehenssumme
i_R = Zinssatz des Refinanzierungsgeschäftes
i_W = Zinssatz der zwischenzeitlichen Wiederanlage
t = Bereitstellungszeitraum in Tagen

Bereitstellungszinsen gleichen die Differenz zwischen dem Refinanzierungs-aufwand des Kreditinstitutes einerseits und dem Ertrag aus der Anlage der Mittel bis zum endgültigen Abruf des Darlehens andererseits aus. Dabei wird unterstellt, dass sich das Kreditinstitut bei Abschluss des Kreditvertrages re-finanziert und diese Mittel bis zum Abruf des Darlehens (Auszahlung) anlegt. Die Wiederanlage erfolgt dabei regelmäßig zu einem niedrigeren Zinssatz als die vereinbarten Darlehenszinsen.

Da die Bereitstellungszinsen vom konkreten Termin des Abrufs des Darlehens abhängen, lassen sie sich nicht im Vorhinein bestimmen. Rechtlich gesehen sind sie auch keine Zinsen, sondern eine Provision. Sie gehen somit auch nicht in die Berechnung des Effektivzinses ein.

Die Berechnungsmodalitäten für Bereitstellungszinsen sind von Kreditinsti-tut zu Kreditinstitut unterschiedlich und sind Bestandteil des Kreditvertrages. Üblich ist es, für einen Zeitraum von drei bis sechs Monaten keine Bereitstel-lungszinsen zu erheben. Der in diesem Zeitraum für die Bank entstehende Zinsnachteil wird in die Kreditkonditionen (Nominalzins) eingepreist. Danach fallen Bereitstellungszinsen an, die zumeist bei 0,20-0,25 % pro Monat liegen. Umgerechnet auf das Jahr sind das also 2,4-3,0 % Zinsaufwand.

Varianten der Berechnung

- Einmalige Zahlung: Die berechneten Bereitstellungszinsen fallen in einer Summe einmalig an. Sie sind ab dem ersten Tag nach dem kostenfreien Bereitstellungszeitraum fällig. Berechnet werden sie nach Ablauf der Frist.
- Erhöhung des Zinssatzes für die gesamte Zinsbindungszeit: Der verein-barte Festzinssatz wird um die anteiligen Bereitstellungszinsen erhöht.

Gerade bei langfristigen Bauvorhaben und langfristiger Zinsbindung ist die zweite Variante in der Regel für den Kreditnehmer deutlich ungünstiger.

BEISPIEL: Berechnung der Bereitstellungszinsen

Darlehensbetrag	150.000 EUR
Bereitstellungszinsen	0,25 % pro Monat, fällig ab dem 90. Tag (Beginn des vierten Monats), nachdem das Darlehen zur Verfügung gestellt wurde (i. d. R. der Termin, an dem der Kreditvertrag unterschrieben und rechtsgültig wurde)
Datum des Vertrages	10.02.20xx
Auszahlung des Darlehens	25.07.20xx
	Bereitstellungszinsen sind demnach ab dem 11.05.20xx fällig, also für zweieinhalb Monate bzw. 75 Tage (1 Monat = 30 Tage)

Berechnet werden folgende Zinsen:

$$Zinsen = 150.000\, € \cdot \frac{0,0025}{30} \cdot 75 = 937,50\ €$$

TIPP

Bereitstellungszinsen können eine Finanzierung deutlich teurer machen. Deshalb empfiehlt es sich, das Darlehen von Anfang an so zu gestalten, dass der voraussichtliche Termin der Vollauszahlung auf einen Zeitpunkt gelegt wird, der innerhalb des kostenfreien Bereitstellungszeitraumes liegt. Das Kreditinstitut kann dann seine Refinanzierung so gestalten, dass kein Zinsnachteil entsteht bzw. dieser so gering ist, dass er in den Regelkonditionen berücksichtigt werden kann.

Sollte ein Teil der Darlehenssumme dauerhaft nicht abgerufen werden, z. B. weil sich der Preis für die Bauleistung verringert hat, müsste der Darlehensnehmer theoretisch für die gesamte Zinsbindungszeit auf die nicht ausgezahlte Summe eine Bereitstellungsprovision zahlen. Da das zu unbilligen Härten führt, wird das Kreditinstitut bei Nichtabruf eines Teiles der Darlehenssumme den Kreditbetrag entsprechend reduzieren. Darauf besteht jedoch kein Anspruch. Auch bei einer Reduzierung des Darlehensbetrages wird eine Nichtabnahmeentschädigung fällig werden.

3.2.10 Effektivzins/effektiver Jahreszins

Näherungsweise Berechnung nach der sog. Uniform-Methode:

$$eff.Jahreszins\ (in\%)$$

$$= \frac{Anzahl\ der\ Raten \cdot Betrag\ einer\ Rate - Auszahlungsbetrag}{Nettodarlehensbetrag} \cdot \frac{24}{(Laufzeit\ in\ Monaten + 1)} \cdot 100$$

Auf diese Weise wird ein ungefährer effektiver Jahreszins berechnet. Die nach der Preisangabenverordnung (PAngV) vorgeschriebene Berechnung, die Kreditinstitute durchführen müssen, ist komplizierter. In die Berechnung gehen ein (soweit vorhanden):

- Nominalzinssatz
- Disagio (Damnum)
- Agio (Ausgabeaufschlag)
- Bearbeitungsgebühren
- Kreditvermittlungskosten
- Prämien für Restschuldversicherungen
- Tilgungsart
- Zinstermine
- Tilgungsverrechnungstermine
- Dauer der Zinsfestschreibung
- anteilige Abschlussgebühr (bei Bauspardarlehen)

Die heute allgemein angewendeten Verfahren der Effektivzinsberechnung gehen iterativ vor und berechnen den internen Zinsfuß mathematischer Renten. Entsprechende Rechner finden sich auch im Internet[4].

Mithilfe des Effektivzinssatzes sollen verschiedene Darlehensangebote vergleichbar gemacht werden, indem neben dem vereinbarten Nominalzinssatz auch weitere Kreditkosten in die Berechnung einbezogen werden. Ergebnis ist ein jährlicher Vomhundertsatz der Kreditsumme, der bei Krediten an Ver-

---

[4] Als Beispiel siehe Zinsen berechnen

braucher zwingend zum Vertragsinhalt gehört und anzugeben ist. Der Effektivzinssatz ist grundsätzlich höher als der Nominalzinssatz, da dieser keine Kostenbestandteile enthält.

Eine echte Vergleichbarkeit ist mithilfe dieser Berechnungen nur bei Angeboten mit gleicher Zinsfestschreibungsdauer möglich. Bei Immobilienkrediten kann ein „echter effektiver Jahreszins" nur dann berechnet werden, wenn sich die preisbeeinflussenden Faktoren während der gesamten Darlehenslaufzeit nicht ändern. Das ist im Normalfall lediglich bei Bauspardarlehen möglich. Vom Grunde her sind die Laufzeiten von Immobilienkrediten höher als die Zinsbindungsdauer. Demnach kann hier nur ein „anfänglicher effektiver Jahreszins" angegeben werden. Wenn sich Schuldner und Gläubiger (Bank) bis zum Ende der Zinsfestschreibung nicht auf eine neue Zinsfestschreibung einigen, legt die Bank für die Restlaufzeit den aktuellen Zinssatz für variabel verzinsliche Darlehen zugrunde. Diese Rechnung verfälscht das Ergebnis.

TIPP

Der Effektivzins ist ein annehmbares Instrument zum Vergleich verschiedener Angebote. Man muss aber wissen, dass das Ergebnis nur ein Näherungswert ist. Ein mathematisch korrekter Vergleich ist nur möglich, wenn (bis auf den Sollzinssatz) alle anderen preisbestimmenden Faktoren identisch sind. Dann ließen sich die Kredite aber auch anhand des nominellen Zinsatzes vergleichen.
Zu berücksichtigen ist weiterhin, dass eine Reihe weiterer Kosten (z. B. Bereitstellungsprovisionen) nicht in die Berechnung des Effektivzinses eingehen.

Fazit: Die Angabe des Effektivzinses erleichtert den Vergleich verschiedener Angebote. Sinnvoll ist der Vergleich aber nur bei zumindest grundsätzlich übereinstimmenden Kreditformen. Der Effektivzins ist kein Ersatz für den Abgleich sämtlicher Konditionen.

3.2.11 Erwerbsnebenkosten

Erwerbsnebenkosten setzen sich wie folgt zusammen:

- Grunderwerbsteuer
- Notar- und Grundbuchkosten
- Maklerkosten
- Beratungskosten
- Bewertungskosten
- sonstige individuelle Nebenkosten

Zum eigentlichen Kaufpreis einer Immobilie kommen in jedem Fall weitere Kosten hinzu. Ein Teil dieser Kosten ist unabwendbar, andere fallen nicht in jedem Fall an. In der Summe können die Erwerbsnebenkosten bis zu 15 % des Kaufpreises ausmachen.

Erwerbsnebenkosten sollten in der Regel aus Eigenkapital des Käufers getragen werden. Als Kreditinstitut wird man nur bereit sein, werterhöhende Nebenkosten mitzufinanzieren. Die mit dem Erwerb im Zusammenhang stehenden Kosten gehören in der Regel nicht dazu, da sie bei jedem Eigentümerwechsel immer wieder neu anfallen.

Die Erwerbsnebenkosten fallen vor dem Eigentumsübergang an und sind somit vor dem eigentlichen Immobilienerwerb zu bezahlen. Das Bezahlen bestimmter Erwerbsnebenkosten ist sogar Voraussetzung für den Eigentumsübergang.

Grunderwerbsteuer

Die Grunderwerbsteuer ist eine Verkehrssteuer. Sie fällt immer an, wenn eine Immobilie ihren Besitzer wechseln soll. Die Zahlung der Grunderwerbsteuer an die zuständige Justizzahlstelle ist Voraussetzung dafür, dass ein Besitzübergang rechtlich erfolgen kann.

Besteuerungsgrundlage ist der Kaufpreis der Immobilie. Dieser Kaufpreis setzt sich aus dem Preis für das Grundstück und dem Preis für die darauf stehende Immobilie zusammen. Das bedeutet, dass beim Kauf eines bebauten Grundstücks die Steuer auf den Gesamtpreis erhoben wird.

TIPP

Wird zunächst ein unbebautes Grundstück erworben und in einem zeitlichen Abstand ein Haus gebaut, ist die Grunderwerbsteuer grundsätzlich nur auf den Grundstückspreis zu berechnen. Das Finanzamt wird aber sehr genau prüfen, ob es sich ggf. um einen Missbrauchstatbestand handelt. Das ist beispielsweise dann anzunehmen, wenn das Grundstück von einem Bauunternehmer gekauft wird und dieser kurze Zeit später im Auftrag des Käufers ein Haus darauf errichtet. Dabei ist es unerheblich, ob es sich um einen oder um zwei getrennte Verträge handelt.

Grundstücken gleichgestellt sind

- Erbbaurechte,
- Gebäude auf fremdem Boden und
- dingliche Sondernutzungsrechte im Sinne des § 15 des Gesetzes über das Wohnungseigentum und das Dauerwohnrecht (Wohnungseigentumsgesetz — WEG).

Einige Ausnahmen von der Besteuerung sind:

- Freigrenze von 2.500 EUR (Es handelt sich um eine Bagatellgrenze, nicht um einen Freibetrag. Ab 2.501 EUR muss demnach die volle Grunderwerbsteuer gezahlt werden.)
- Schenkung unter bestimmten Auflagen an den Beschenkten, zumeist ein Wohnrecht für den Schenkenden
- Erwerb eines Grundstücks zur Teilung eines Nachlasses
- Erwerb durch Ehegatten oder Lebenspartner
- Erwerb durch eine Person, die mit dem Veräußerer in gerader Linie verwandt ist

Bis zum 31.8.2006 betrug die Grunderwerbsteuer zuletzt einheitlich 3,5 %. Seit dem 1.9.2006 ist die Festsetzung des Steuersatzes Ländersache. Das hat dazu geführt, dass sie mit Stand vom Februar 2014 zwischen 3,5 % und 6,5 % je nach Bundesland variiert.

Notar- und Grundbuchkosten

Für Verträge, die mit dem Eigentum an Grundstücken einhergehen, besteht die Pflicht notarieller Beurkundung. Ohne Notarvertrag sind keine Übertragung des Eigentums und kein Grundbucheintrag möglich. Die Notarkosten betragen ca. 1 % des Kaufpreises. Je nach Höhe der Finanzierung und der damit verbundenen Eintragung von Grundschulden fallen noch einmal ca. 0,5 % Grundbuchkosten an, sodass mit insgesamt 1,5 % der Kaufsumme kalkuliert werden muss.

Diese beiden Bestandteile der Erwerbsnebenkosten fallen zwingend an. Je nach Bundesland betragen sie insgesamt zwischen 5 und 8 % (außer bei Befreiung von der Grunderwerbsteuer).

Die weiteren Bestandteile der Nebenkosten sind fallabhängig.

Maklerkosten/Beraterkosten

Immobilienverträge kommen häufig durch die Vermittlung eines Maklers zustande. Dieser lässt sich seine Arbeit mit einer Provision vergüten, deren Höhe sich bei 3-5 % der Kaufsumme eingependelt hat. Hinzu kommt die Mehrwertsteuer.

TIPP

Die Höhe der Maklerprovision ist nicht gesetzlich vorgeschrieben. Sie wird in einem Maklervertrag zwischen dem Immobilienmakler und dem Auftraggeber vereinbart. In gefragten Lagen wurden auch schon 7 % zuzüglich Mehrwertsteuer verlangt.

Gegebenenfalls nimmt der Immobilienkäufer die Dienste eines Finanzberaters oder Kreditvermittlers in Anspruch. Dafür ist eine Provision von etwa 1 % zu veranschlagen.

Schätz- und Bewertungskosten, sonstige Kosten

Soll die Immobilie finanziert werden, ist sie einzuwerten. Die Bewertung erfolgt durch einen Gutachter, der dafür einen Betrag in Rechnung stellt. Die Höhe richtet sich u. a. nach dem erforderlichen Aufwand.

Rechtlich umstritten ist, ob die finanzierende Bank eine Pauschale für die Bewertung der Immobilie in Rechnung stellen darf, schließlich ist die Wertermittlung ja in ihrem Interesse.

Je nach Alter und Zustand der Immobilie wird evtl. ein Architekt oder Bausachverständiger sein Urteil abgeben. Die Varianten der Bezahlung sind vielfältig: ein festgelegter Prozentsatz der Kaufsumme, Abrechnung auf Stundenbasis oder eine Erfolgsprämie (Provision) für erfolgreiche Preisverhandlungen.

Bereits vor dem Kauf können weitere individuelle Kosten anfallen, wie Reisekosten, Aufgabe von Inseraten usw.

Insgesamt summieren sich die Erwerbsnebenkosten auf bis zu 15 % der Bausumme. Neben den Erwerbsnebenkosten können weitere Nebenkosten im Zusammenhang mit dem Grundstück entstehen, zumeist nach dem Erwerb, aber vor dem eigentlichen Baubeginn (Kostengruppe 200 nach DIN 276).

4 Projektkennzahlen

4.1 Zielstellung

Um ein Immobilienprojekt beurteilen zu können, muss es mithilfe von Kennzahlen beschrieben werden. Drei Aspekte spielen dabei eine Rolle:

- Erstens geht es darum, die technischen Gegebenheiten, Rahmenbedingungen usw. übersichtlich darzustellen.
- Zweitens sind die materiellen Gegebenheiten immer auch mit finanziellen Kennzahlen verbunden.
- Drittens ist das Projekt in den (genehmigungs-)rechtlichen Rahmen einzuordnen.

Zur ersten Gruppe dieser Kennzahlen gehören Flächen und Kubaturen, Bauraster, Abstandsflächen und ähnliche Kennzahlen, die das Projekt mit anderen Projekten vergleichbar machen. So ist es offensichtlich, dass eine Immobilie mit einer Gesamtwohn- und -nutzfläche von 140 m² anderen Merkmalen folgt als ein Geschäftshaus mit mehr als 10.000 m² Büro- und Handelsfläche. Auch die Frage der technischen Konstruktion ist entscheidend: Was lässt sich in den Räumen unterbringen, wie sind die Spannweiten der Decken, wie die Deckenhöhe und wie die mögliche natürliche Beleuchtung?

Bezogen auf diese materiellen Kennzahlen gibt es nun die zweitgenannte Gruppe der Finanzkennzahlen, die eine Beurteilung unter finanziellen Gesichtspunkten überhaupt erst möglich machen: Baukosten/m², Investitionskosten/m², Erschließungskosten und viele andere.

Letztlich müssen sich Immobilien immer rechtlichen Gegebenheiten unterordnen. Das Baurecht ist teilweise recht speziell und restriktiv. Jeder Investor muss sich an den gültigen Bebauungsplan halten und Kennzahlen wie die Grundflächenzahl, die Geschossflächenzahl, die Baumassenzahl und andere einhalten.

In diesem Kapitel werden wesentliche Kennzahlen und Definitionen aus den genannten drei Bereichen vorgestellt. Es geht darum, das Projekt und seine Rahmenbedingungen mit wichtigen Eckdaten zu beschreiben und damit die Beurteilung von Immobilieninvestitionen überhaupt zu ermöglichen. Der Vergleich der Projektkennzahlen mit Durchschnittswerten der Branche oder Ähnlichem erlaubt dann eine sinnvolle Beurteilung.

4.2 Darstellung der materiellen Eckdaten eines Projektes

4.2.1 Flächen

Die Definitionen der jeweiligen Flächen sind vor allem in zwei Werken geregelt, der

- DIN 277[5] und der
- Wohnflächenverordnung (WoFlV)[6].

Ohne die verlässliche und vor allem eine genau definierte und damit vergleichbare Angabe von Flächen lässt sich der Wert einer Immobilie nicht bestimmen. Der Wert wiederum ist die Basis für mögliche Finanzierungen und stellt für die finanzierende Bank einerseits und den Käufer/Investor andererseits einen Vergleichsmaßstab dafür dar, ob ein geforderter Kaufpreis angemessen ist.

DIN 277 und Wohnflächenverordnung stimmen im Wesentlichen in ihren Berechnungsvorschriften überein, allerdings gibt es auch kleinere Unterschiede (vor allem in den §§ 3 und 4 der WoFlV). Insbesondere gilt das für das Maß der Einbeziehung von Balkonen, Freisitzen und Terrassen, die nach DIN 277 vollständig zur Nutzfläche zählen, in der WoFlV aber nur zu 25 % als Wohnfläche betrachtet werden). Kellerräume und Dachschrägen werden in DIN 277

---

[5] DIN 277 Grundflächen und Rauminhalte von Bauwerken im Hochbau, 2005

[6] Verordnung zur Berechnung der Wohnfläche, 2003

und WoFlV ebenfalls unterschiedlich bewertet. Um letzte Gewissheit zu erlangen, ist es also erforderlich zu prüfen, ob die Berechnung nach DIN 277 oder nach WoFlV erfolgt ist. In einem Kauf- oder Bauvertrag muss die Berechnungsgrundlage für die im Vertrag angeführten Flächen verbindlich angegeben werden.

Bei den Messregeln gilt grundsätzlich das Bruttoprinzip (Ermittlung aus den äußeren Abmessungen), wobei es im Gegensatz zu den Aufmaßvorschriften der Vergabe- und Vertragsordnung für Bauleistungen (VOB) Vereinfachungen gibt. So werden kleinere Vor- und Rücksprünge ignoriert. Weiterhin gilt das hierarchische Prinzip in der Definition, d. h. jede Fläche wird i. d. R. durch die Summe ihrer Teilflächen definiert.

4.2.1.1 Flächenhierarchie

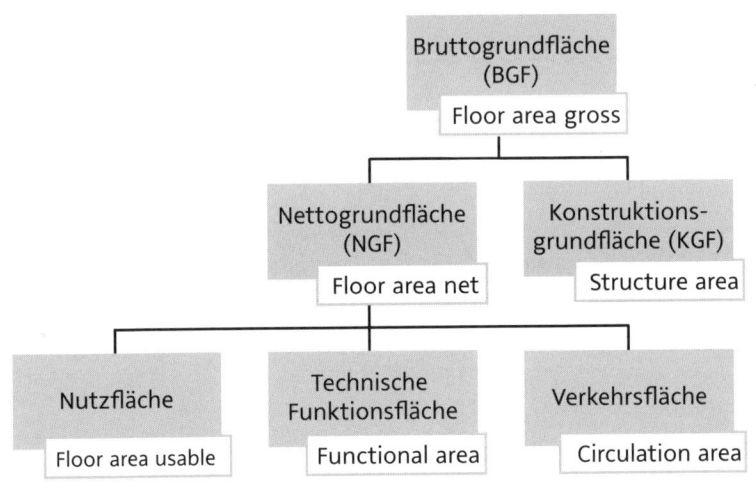

Abb. 2: Flächenhierarchie

4.2.1.2 Bruttogrundfläche (BGF)

Vereinfachend wird auch oft von der „Bruttofläche" gesprochen.

Die Flächenberechnung erfolgt anhand der äußeren Maße der Bauteile. Nicht berücksichtigt werden dabei konstruktive und gestalterische Vor- und Rücksprünge an den Außenflächen. Die Messung wird in Fußbodenhöhe vorgenommen.

▶ **BEISPIEL: Gestalterischer Vor- und Rücksprung**

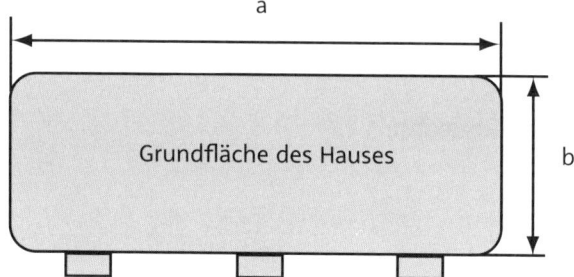

Die Bruttogrundfläche würde sich in diesem einfachen Beispiel berechnen: a × b. Außer Ansatz blieben die Ziersäulen und die abgerundeten Ecken.

Einbezogen in die Berechnung werden auch die Bekleidung des Hauses (z. B. Dämmung und Außenputz) und Flächen, auf denen ein Bauteil steht (z. B. Schornstein). Basis für die Berechnung ist die o. g. Wohnflächenverordnung. Häufig verwendet, wenn auch nicht genau auf die Bruttogrundfläche bezogen, wird ebenfalls die DIN 277.

Die Bruttogrundfläche umfasst die Summe der Grundflächen aller Grundrissebenen eines Bauwerks. Jedoch gibt es auch Flächen, die nicht in die Berechnung einbezogen werden. Das sind insbesondere nicht nutzbare Dachflächen und konstruktiv bedingte Hohlräume.

> ▶ **BEISPIEL: Konstruktiv bedingter Hohlraum**
>
> Eine abgehängte Decke oder eine Zwischendecke, die die Raumhöhe reduzieren, werden nicht in die Berechnung einbezogen. Das würde sonst eine Verdopplung der Bruttogeschossfläche in diesem Raum bedeuten, ohne dass eine zusätzliche Nutzung möglich wäre.

Die Bestimmung der Bruttogrundfläche ist Grundlage für die Ermittlung der Normalherstellungskosten (NHK), die wiederum für die Ermittlung des Sachwertes eines Gebäudes die Basis bilden. Die Normalherstellungskosten sind abhängig vom Gebäudetyp und niedergelegt in entsprechenden Gebäudetypenblättern (aktuell NHK 2010). Sie finden ausschließlich im Bauwesen Anwendung.

4.2.1.3 Nettogrundfläche (NGF)

Berechnung:

NGF = Nutzfläche + technische Funktionsfläche + Verkehrsfläche

oder

NGF = BGF - Konstruktionsgrundfläche

Die Konstruktionsgrundfläche ist die Summe der Grundflächen aller aufgehenden Bauteile (z. B. Wände, Stützen, Pfeiler oder die Grundflächen von Türöffnungen) einschließlich Putz und eventueller raumhoher Bekleidungen/ Dämmungen. Zumeist wird die Konstruktionsgrundfläche nicht separat bestimmt, sondern als Differenz zwischen BGF und NGF ermittelt. Damit hat die oben zweitgenannte Vorschrift für die Berechnung der Nettogrundfläche kaum eine praktische Bedeutung.

Die Nettogrundfläche ist die Summe aller nutzbaren Flächen eines Gebäudes. Sie liegt zwischen den aufgehenden Bauteilen (Wänden) eines Gebäudes. Dabei werden die Nettogrundflächen aller Geschosse (Grundrissebenen) des Bauwerks addiert.

> ### BEISPIEL: Fest eingebaute Gegenstände
>
> Die Grundflächen von fest eingebauten Gegenständen zählen ebenfalls zur Nettogrundfläche. Das betrifft z. B. die Grundfläche eines fest eingebauten Ofens. Sie gehört demnach nicht zur Konstruktionsgrundfläche.

Neben der Nutzfläche gehören technische Funktionsfläche und Verkehrsfläche zur Nettogrundfläche. Das ist darin begründet, dass nicht die gesamte NGF tatsächlich genutzt werden kann, sondern weitere Flächen vorgehalten werden müssen.

Technische Funktionsfläche

Auf der technischen Funktionsfläche sind zentrale betriebstechnische Anlagen in einem Bauwerk untergebracht. Das sind beispielsweise Heizungs- oder Warmwasseranlagen, Lüftungsanlagen usw. Anders wäre das zu sehen, wenn das Gebäude allein dem Zweck diente, andere mit Heizenergie zu versorgen (Heizkraftwerk). Dann erfolgte eine Einstufung der Flächen als Nutzfläche.

Verkehrsfläche

Die Verkehrsfläche dient dem Zugang zu den Räumen und dem Verkehr innerhalb des Gebäudes. Auch Nottreppen, Fluchttreppenhäuser usw. zählen dazu. Nicht zur Verkehrsfläche, sondern zur Nutzfläche zählen jedoch die Gänge in einem Großraumbüro.

4.2.1.4 Nutzfläche

Die Nutzfläche ist Bestandteil der Nettogrundfläche. Sie unterteilt sich in

- Hauptnutzfläche (Wohnfläche oder die Fläche, die der Nutzung des Bauwerks aufgrund seiner Zweckbestimmung dient) und
- Nebennutzfläche (Betriebsfläche).

Hauptnutzflächen können neben Wohnflächen also auch Flächen für Produktion, Handel, Lagern, Weiterbildung und Unterricht, Heilen und Pflegen und viele andere Zwecke sein. Die Einordnung in die Kategorie „Hauptnutzfläche" erfolgt ausschließlich nach dem Zweck des Gebäudes.

> **BEISPIEL: Hauptnutzfläche Lager**
>
> Handelt es sich bei dem Bauwerk um ein Lagergebäude, gehört die Lagerfläche zur Hauptnutzfläche. Ein Lagerraum im Keller einer Wohnung wird allerdings nicht zur Wohnfläche, sondern zur Nebennutzfläche gezählt.

Bestandteil der Nutzfläche eines Wohngebäudes sind also zuallererst die bewohnten bzw. bewohnbaren Zimmer. Hier gibt es keinen Zweifel an der Zuordnung zur Wohnfläche. Auch weitere Räume innerhalb einer abgeschlossenen Wohnung gehören zur Wohnfläche, wie eine Speise- oder Abstellkammer oder der Korridor innerhalb der Wohnung.

> **TIPP**
>
> Ein Balkon oder eine direkt vor der Wohnung gelegene Terrasse werden ebenfalls zur Wohnfläche. Allerdings werden solche Flächen nach WoFlV nicht vollständig, sondern nur teilweise berechnet. Bei einem Balkon oder einer Terrasse sind das beispielsweise 25 % der tatsächlichen Fläche in Fußbodenhöhe. Bei besonders hoher Nutzungsqualität kann ein Balkon jedoch auch mit bis zu 50 % seiner Fläche als Wohnfläche gelten.

Nicht zur Hauptnutzfläche einer Wohnung gehören Abstellräume außerhalb der abgeschlossenen Wohnung, Dachböden, Fahrradräume oder gemeinsame Wäschetrockenräume. Diese Flächen sind Nebennutzflächen. Dazu gehört auch eine Garage.

Bei der Berechnung einer Wohnungsmiete wird zumeist die Wohnfläche als Hauptnutzfläche zugrunde gelegt. Jedoch müssen die Nebennutzflächen im Mietvertrag definiert werden. Entweder werden die Nebennutzflächen bei der Mietpreisfestlegung in die Kaltmiete mit eingerechnet (Mischkalkulation) oder separat pauschal aufgeführt (z. B. Nutzungsgebühr für einen Tiefgaragenstellplatz).

4.2.1.5 Grundstücksfläche

Die Grundstücksfläche ist die katastermäßige Größe eines Grundstücks. Die Größe kann dem amtlichen Grundstückskataster entnommen werden.

Die Grundstücksfläche und der auf sie entfallende Teil des Kaufpreises müssen in jedem Kaufvertrag separat ausgewiesen werden. Das liegt daran, dass Grundstücke im Gegensatz zu Bauwerken nicht abgeschrieben werden.

! **ACHTUNG**

Relevant für immobilienwirtschaftliche Fragen ist zumeist nicht die Grundstücksfläche an sich, sondern die „überbaubare Grundstücksfläche".

Die überbaubare Grundstücksfläche wird durch baurechtliche Vorgaben in einem Bebauungsplan bestimmt. Solche Vorgaben können sein:

- Baulinien
- Baugrenzen
- Bebauungstiefen

Eine Baulinie bedeutet, dass auf dieser Grenze gebaut werden muss, eine Baugrenze besagt, dass diese nicht überschritten werden darf.

Die überbaubare Grundstücksfläche ist demnach ein Begriff aus dem öffentlichen Baurecht. Die entsprechenden Regelungen finden sich in der Baunutzungsverordnung (BauNVO)[7].

4.2.1.6 Mietfläche

Die Mietfläche ist die Fläche, die im Rahmen von Mietverträgen einem oder mehreren Nutzern zugewiesen ist. Der Ausweis erfolgt in der Regel in Quadratmetern, in einigen Fällen auch in anderen Einheiten (z. B. Anzahl Pkw-Stellplätze).

---

[7] Verordnung über die bauliche Nutzung der Grundstücke, 1990

Im Wohnungswesen entspricht die Mietfläche in der Regel der Wohnfläche. Auf dem freien Wohnungsmarkt ist es grundsätzlich den Vertragspartnern überlassen, welche Art der Berechnung verwendet und was alles in die Mietfläche eingerechnet wird. Zumeist wird sich aber auch dort an die im öffentlich-rechtlichen Bereich verbindliche Wohnflächenverordnung gehalten.

Im gewerblichen Bereich ist die Berechnung der Mietfläche nicht immer so einfach. Die Gesellschaft für immobilienwirtschaftliche Forschung e. V. (gif) gibt Richtlinien zur Berechnung der Mietflächen für Büro- und Handelsflächen, aber auch für Wohnraum heraus, die allgemein akzeptiert werden. Zuletzt wurden im Mai 2012 aktualisierte Richtlinien für die Berechnung der Mietfläche für Wohnraum und eine entsprechende Richtlinie zur Berechnung der Mietfläche für gewerblichen Raum herausgegeben.

Entscheidend ist, welche Flächen zur Mietfläche zählen und welche nicht. Im gewerblichen Bereich gilt:

„Zur Mietfläche zählen

- Büroräume,
- Nebenräume, z. B. Kopierraum, Putzraum, Teeküche, DV-Verteilerraum,
- Nebennutzflächen, z. B. WC-Bereiche,
- Eingangs- und Empfangsbereiche,
- nicht ortsgebundene Wände, z. B. GK-Wände oder umsetzbare Trennwände,
- Verkehrsflächen, z. B.
  - Flure,
  - Aufzugsvorräume.

Nicht zur Mietfläche zählen

- Funktions- und Haustechnikflächen, soweit sie nicht betriebstechnische Anlagen des Nutzer enthalten,
- zentrale Schächte,
- Schornsteine,
- Aufzüge und Aufzugsschächte,

- Treppenläufe und -podeste,
- alle ortsgebundenen Wände, z. B. statisch notwendige Wände, Stützen, Mauerwerkswände."[8]

4.2.1.7 Abstandsfläche

Berechnung:

$$Abstandsfläche = Wandhöhe\ H \cdot Faktor$$

Darüber hinaus ist ein absoluter Mindestabstand (in m) vorgegeben.

Nach Musterbauordnung (eine Standard- und Mindestbauordnung, die den Ländern als Grundlage für deren jeweilige Landesbauordnungen dient, zuletzt geändert durch die Bauministerkonferenz am 21.9.2012) gelten folgende Abstandsflächen:

Kerngebiete, Wohn und Mischgebiete: 0,4 H, Mindestabstand 3 m
Gewerbe und Industriegebiete: 0,2 H, Mindestabstand 3 m

Die genauen Festlegungen zu den Abstandsflächen sind Ländersache, weshalb einerseits die Faktoren, andererseits auch die genauen Vorschriften zur Ermittlung der Wandhöhe von Bundesland zu Bundesland variieren.

Bei der Abstandsfläche wird unterschieden nach

- Gebäudeabstand und
- Grenzabstand.

Der Gebäudeabstand definiert den Mindestabstand zweier Gebäude, der Grenzabstand legt fest, wie nah ein Gebäude an der Grundstücksgrenze gebaut werden darf. Die Abstandsflächen müssen grundsätzlich auf dem eigenen Grundstück liegen und dürfen i. d. R. nicht von Abstandsflächen anderer

---

[8]   zitiert nach Immobilienscout24

Gebäude überdeckt werden. Bei der Genehmigungsplanung ist auf die Einhaltung der entsprechenden Vorschriften zu achten.

Wird ein Gebäude in Übereinstimmung mit den örtlichen planungsrechtlichen Vorschriften mit seiner Außenwand direkt an der Grundstücksgrenze errichtet, ist keine Abstandsfläche erforderlich.

▶ BEISPIEL: Doppel- oder Reihenhäuser

Doppel- oder Reihenhäuser werden direkt aneinandergebaut. Demzufolge ist zwischen den beiden Häusern, die normalerweise auf zwei verschiedenen Grundstücken stehen, aber aneinandergebaut sind, keine Abstandsfläche erforderlich.

Es gibt eine Reihe von Ausnahmeregeln, insbesondere auch kleine Bauwerke (Garagen, Gartenhäuser) betreffend, die oft von der Einhaltung der Abstandsflächen ausgenommen werden.

Wird die Abstandsfläche nicht eingehalten, spricht man von einer Grenzbebauung. Diese setzt im Normalfall das Einverständnis des Nachbarn voraus. Keine nachbarliche Zustimmung ist zumeist dann erforderlich, wenn das Nachbargebäude bereits mit einer Brandwand an der Grundstücksgrenze steht. Dann kann man unter Beachtung der sog. Profilgleichheit direkt an das andere Gebäude anbauen.

Grenzbebauungsrechte sollten im Grundbuch eingetragen werden. Nur auf diese Weise kann man sicherstellen, dass bei einem Eigentümerwechsel kein juristischer Streitfall entsteht.

Für einen Immobilieninvestor ist es relevant, ein vorhandenes Grundstück möglichst umfassend bebauen zu können.

4.2.2 Kennzahlen zu Raumgrößen und Flächenwirtschaftlichkeit

Die Angaben zu den Flächen sind nur die eine Seite der Bewertung und Betrachtung von Immobilien. Wesentlich ist zunächst die Einführung einer dritten Dimension, nämlich der Höhe, um die Kubatur eines Gebäudes (umbauter Raum) zu bestimmen.

Weiterhin gibt es Kennzahlen, die die konstruktive Gestaltung eines Bauwerks verdeutlichen. In einer ersten Überlegung wird man sagen, dass die Konstruktion eines Gebäudes allein Sache des Architekten sei. Das ist zwar grundsätzlich richtig, aber ein anderer Gesichtspunkt spielt ebenfalls eine Rolle: Insbesondere mit der Wahl der Rastermaße durch den Architekten werden die Vielfalt der späteren Nutzungsmöglichkeiten, die Variabilität und damit die Möglichkeiten der Vermarktung und Vermietung umfassend beeinflusst. Darüber hinaus werden von den grundlegenden Rastern auch die Baukosten nicht unwesentlich abhängen.

Für einen Projektentwickler ist es demzufolge bereits bei der Entwicklung der Rahmendaten des Projektes wesentlich, die konstruktive Umsetzung wenn schon nicht vorzugeben, so doch zu beurteilen.

4.2.2.1 Umbauter Raum (Bruttorauminhalt)

Die Bezeichnung „umbauter Raum" ist eigentlich veraltet, wird aber immer noch weitverbreitet angewendet, insbesondere bei der Sachwertermittlung von Bauwerken.

Die korrekte Bezeichnung nach der aktuell gültigen DIN 277 ist „Bruttorauminhalt" (BRI). Beide Größen sind ähnlich, weichen jedoch in Details voneinander ab. Diese Abweichungen sind unter dem Blickwinkel des Projektentwicklers jedoch tolerabel.

Berechnung:

$$Bruttorauminhalt \, in \, m^3 = Höhe \cdot Länge \cdot Breite = Bruttogrundfläche \cdot Höhe$$

! ACHTUNG

Abzugrenzen vom Bruttorauminhalt ist der Nettorauminhalt, der sich folgendermaßen ermitteln lässt:

Nettorauminhalt in m³ = Nettogrundfläche · lichte Raumhöhe

Basis zur Bestimmung des BRI sind die Rohbauaußenmaße. Daraus ergibt sich das Volumen des Rohbaus. In der Praxis relevant ist vor allem, welche Teile eines Objektes als umbaut gelten und welche nicht mehr dazugehören. Definiert ist das in der DIN 277.[9]

Bei unterschiedlichen Geschossgrundrissen werden die Geschosse einzeln berechnet und anschließend addiert. Grundsätzlich gelten folgende Ansätze:

- Höhe: vertikaler Abstand von der Unterkante der Bodenplatte bis zur Höhe der Oberfläche der Böden über dem obersten Vollgeschoss (bei ausgebautem Dachgeschoss bis zur Außenfläche der umschließenden Wände und Decken ohne Dacheindeckung). Ein nicht ausgebauter Dachboden wird nach DIN 277 nicht angesetzt. Nach der bisherigen Berechnung des umbauten Raumes wurde er zu einem Drittel berücksichtigt.
- Länge und Breite werden nach den Regeln der Bruttogrundfläche bestimmt.

Nicht zum Bruttorauminhalt bzw. zum umbauten Raum zählen Eingangsüberdachungen, Außentreppen, Dachüberstände für nicht voll erschlossene Bereiche u. Ä.

Bedeutsam ist der Bruttorauminhalt in zwei Bereichen:

- Ermittlung des Verkehrswertes im Sachwertverfahren
- Bauantrag

---

[9]   vgl. DIN 277 Grundflächen und Rauminhalte von Bauwerken im Hochbau, 2005

Ermittlung des Verkehrswertes

Im Sachwertverfahren bestimmt sich der Wert einer Immobilie aus den Kosten ihrer zeitgemäßen Wiederherstellung. Vor allem Kreditinstitute wenden dieses Verfahren häufig an, um festzustellen, ob der vertragliche Kaufpreis einer Immobilie angemessen ist. Dabei wird der umbaute Raum bzw. der Bruttorauminhalt mit den Normalherstellungskosten multipliziert. Dazu kommen Baunebenkosten wie Grunderwerbsteuer, Erschließungskosten und Ähnliches. Aufgelaufene Abschreibungen (bei bestehenden Immobilien) werden abgezogen und auf diese Weise ein Gebäudewert ermittelt. Addiert man dazu noch den Bodenwert, erhält man den Sachwert der Immobilie, der dann mit dem verlangten Kaufpreis verglichen werden kann.

TIPP

Bei einem Immobilienverkauf und den dabei vorgenommenen Preisvergleichen wird zumeist vereinfachend der Preis pro Quadratmeter Wohnfläche als Maßstab genommen. Nebengelasse wie Keller, Garagen, Trockenböden usw. finden dabei keine Berücksichtigung. Stehen diese Gebäudebestandteile in einem ortsüblichen Verhältnis zur Wohnfläche, kann man ihr Weglassen tolerieren. Ansonsten müssen sie separat bewertet werden.
Ist diese Vereinfachung bei einem Immobilienverkauf hinnehmbar, werden Architekten oder Projektentwickler wegen der höheren Genauigkeit zumeist die Kosten pro Kubikmeter Bruttorauminhalt als Vergleichsmaßstab bevorzugen.

Bauantrag

Vor Errichtung eines Neubaus muss ein Bauantrag gestellt werden. Die Angabe des umbauten Raumes bzw. des Bruttorauminhalts ist ein Pflichtbestandteil des Antrags.

Die übliche Höhe der Kosten pro Kubikmeter umbauter Raum unterscheidet sich deutlich von Objekt zu Objekt. Abhängig sind die Kosten u. a. von

- der Bauausführung (Konstruktion) und
- der Region.

Je nach wirtschaftlicher Situation in den jeweiligen Regionen gibt es bemerkenswerte Unterschiede der Kosten für Bauleistungen. Der Erfahrungswert von 300 bis 350 EUR pro m³ bei einem schlüsselfertigen Objekt (einschließlich der Baunebenkosten) kann dann nachdrücklich über- oder unterschritten werden.

4.2.2.2 Deckenhöhe (lichte Höhe)

Berechnung:

Lichte Höhe = Geschosshöhe – Deckenstärke – Bodenaufbau – abgehängte Decke

Die Deckenhöhe ist der freie (lichte) Abstand zwischen der Oberkante des Fußbodens einschließlich Belag und der Unterkante der Decke. Multipliziert man die auf diese Weise bestimmte lichte Höhe mit der Nettogrundfläche, erhält man den Nettorauminhalt.

Die Berechnung (und auch die Messung in bereits fertiggestellten Immobilien) ist unproblematisch. Die Deckenhöhe ist ein entscheidendes Kriterium für den Nutzer.

● TIPP

Ein Kriterium für die Wirtschaftlichkeit einer Immobilie kann die Deckenhöhe nicht sein. Lediglich die Frage, ob eine bestimmte Nutzung bei einer vorhandenen Deckenhöhe möglich ist, kann entscheidende Bedeutung erlangen. So sind Großraumbüros bei unter drei Metern lichter Höhe nicht genehmigungsfähig.

● TIPP

Es gibt keine optimale Deckenhöhe. Dazu sind die Vorstellungen der am Bau Beteiligten zu unterschiedlich. Zu beachten sind allerdings bestimmte Normen zur Gestaltung von Arbeitsplätzen.

Die Kennzahl „Deckenhöhe" ist entscheidend für die Berechnung anderer Kennzahlen zum Raumvolumen. Sie ist auch ein wichtiges Entscheidungskriterium für die Wahl einer Immobilie. Allerdings kann sie für sich allein stehend keine sinnvolle Aussage bringen. Wichtig wird sie aber im Vergleich mit anderen Immobilien.

4.2.2.3 Raumtiefe

Berechnung:

$$Raumtiefe = \frac{Geb\ddot{a}udetiefe - Flurbreite - W\ddot{a}nde}{2}$$

Bei diesem Berechnungsmodus wird von einem Gebäude ausgegangen, bei dem beidseitig eines Flures Büroräume (oder andere Gewerberäume) angeordnet sind. Sollte sich der Flur auf einer Seite des Gebäudes befinden und die Büroräume nur einseitig angeordnet sein, würde die Division durch 2 entfallen.

TIPP

Die Raumtiefe hat besondere Bedeutung bei gewerblich genutzten Immobilien. Bei Wohnimmobilien spielt sie zwar auch eine Rolle, jedoch sind hier individuelle Gestaltungen von Grundrissen deutlich häufiger vorzufinden.

Eine optimale Raumtiefe liegt zwischen 4,50 und 6,00 m. Das stellt einen guten Kompromiss zwischen der Ausnutzung der Fläche einerseits und den Problemen der Beleuchtung andererseits dar.

Je tiefer ein Raum ist, desto schwieriger ist es, ihn natürlich zu beleuchten. Wenn eine ausreichende natürliche Beleuchtung nicht möglich ist, muss zu künstlicher Beleuchtung gegriffen werden, deren Einsatz wiederum durch die Arbeitsstättenrichtlinie reglementiert wird.

BEISPIEL: Arbeitsraum ohne Tageslicht

Räume, in denen sich Arbeitsplätze befinden, müssen mit Tageslicht belichtet werden können. Ausnahme sind u. a. Verkaufsräume, Gaststätten, ärztliche Behandlungsräume oder Sportstätten. Diese sind auch ohne Fenster zulässig. Einzelheiten zu den Fenstergrößen regeln die Bauordnungen der Länder.

Die Raumtiefe einerseits und das Achsraster andererseits sind entscheidend für die wirtschaftliche Nutzung von Gebäuden.

In Fällen, in denen die Raumtiefe nicht ausreicht, behilft man sich mit Lichthöfen oder Atrien, die natürliches Licht in das Innere von Gebäuden leiten. Allerdings verschlechtern solche Lichthöfe das Verhältnis von Bruttogeschossfläche und Mietfläche.

Bei Räumen, die eine große Raumtiefe erfordern, kann ggf. das Problem der natürlichen Belichtung auch durch folgende Maßnahmen verbessert werden:

- Zweiseitige Belichtung (Belichtung von zwei unterschiedlichen Fassadenseiten): Damit können Arbeitsplätze auch in tieferen Bereichen eingerichtet werden.
- Belichtung durch ein Dachoberlicht, was freilich nur in den obersten Geschossen möglich ist
- Lichtdurchlässige Raumtrennungen: Anstelle fester Wände kann z. B. durch Glasabtrennungen zwischen verschiedenen Arbeitsräumen die Lichtsituation verbessert werden.
- Hohe Reflexionsgrade der Wände und Decken: Helle Anstriche erhöhen die Reflexion und damit die Helligkeit im Raum deutlich.
- Sturzfreie Fensteröffnungen bis unter die Decke: Hohe, bis zur Decke reichende Fenster erhöhen den Lichteinfall deutlich. Wenig bis gar nicht wirksam sind im Gegensatz dazu bodentiefe Verglasungen.
- Wahl des Verglasungstyps: Fensterglas mit hoher Dämmung, Mehrfachverglasungen oder dauerhafte Sonnenschutzgläser verringern die Helligkeit im Raum.

Die Raumtiefe ist einerseits leicht zu berechnen oder zu ermitteln. Andererseits ist sie nur im Zusammenhang mit anderen Kennzahlen (Deckenhöhe, Achsraster) sinnvoll zu beurteilen.

Eine „optimale Raumtiefe", die für alle Zwecke gilt, gibt es nicht. Sie ist immer an die konkreten Anforderungen gebunden.

4.2.2.4 Achsraster

Berechnung:

$$Achsraster\,(in\,m) = \frac{Gebäudebreite\ bzw.\ \text{-}tiefe\ (in\,m)}{Anzahl\ der\ Achsen}$$

Bürogebäude plant man gemeinhin in Achsen. Das Achsraster ist definiert als der Abstand zwischen den Achsen (Breite bzw. Tiefe) eines Bürogebäudes. Gemeinsam mit der Raumtiefe und der Deckenhöhe bestimmt es die Flächenwirtschaftlichkeit einer Büroimmobilie entscheidend mit.

Achsraster sind nicht genormt, sie unterscheiden sich ggf. durch unterschiedliche Vorstellungen der am Bau Beteiligten. Fachleute gehen davon aus, dass es ein optimales Raster gibt. Dieses liegt zwischen 1,30 und 1,35 m. Die Mehrzahl der Ausbaumaterialien (Gipskartonplatten, Spanplatten, Deckenplatten usw.) sind auf dieses Maß bezogen. Einzelmodule haben zumeist ein Maß von 60 × 60 oder von 62,5 × 62,5 cm. Inklusive der Fugen und der Trockenbauwände kommt man damit auf die o. g. Maße. Auch Einbauleuchten richten sich nach diesem allgemein gebräuchlichen Rastermaß. Ist ein Gebäude mit diesem Maß konstruiert, ist man im Ausbau sehr flexibel.

▶ **BEISPIEL: Schreibarbeitsplätze**

Zieht man erforderliche Zwischenwände ab, ergibt sich ein lichtes Raster von etwa 1,25-1,30 m. Damit reicht eine Rasterbreite aus, um einen, wenn auch engen, Schreibarbeitsplatz anzubieten. Bei zwei Rasterbreiten ergibt sich ein bequemes, bei drei Rasterbreiten ein Doppelarbeitszimmer.

Das Einhalten eines Rasters von ca. 1,35 m macht es möglich, bei Mieterwechseln und daraus resultierenden veränderten Anforderungen mit geringen Anpassungskosten Leichtbauwände einzubauen oder wieder abzureißen, da diese an jeder Achse an das Fassadenprofil anschließen können.

TIPP

Das Einhalten eines typischen Rastermaßes erleichtert einerseits den Bau eines Bauwerks, da standardisierte Bauteile verwendet werden können. Wenn Fenster innerhalb eines Rasters angeordnet werden, lässt sich die Fassade kostengünstig gestalten, denn alle Fassadenelemente haben die gleichen Maße. Die auf diese Weise verringerten Baukosten sollten wiederum zu einem angemessenen Mietüberschuss führen. Andererseits ist der Gebäudeeigentümer bei Mieterwechseln flexibel hinsichtlich des Flächenangebots.

Ein Mieter wird ebenfalls an einem passenden Rastermaß interessiert sein, um das Verhältnis zwischen Nettomietfläche und Anzahl der Arbeitsplätze (NMF pro Arbeitsplatz) günstig zu halten.

Das Achsraster der Gebäudebreite und der Gebäudetiefe kann, muss aber nicht übereinstimmen.

ACHTUNG

Das Achsraster ist nicht zu verwechseln mit dem Konstruktionsraster.

Achs- und Konstruktionsraster bauen aufeinander auf. Das Konstruktionsraster gibt die Spannweite zwischen den tragenden Bauelementen an. Es ist im Regelfall ein Vielfaches des Achsrasters. Bei einem Achsraster von 1,35 m ergibt sich ein Konstruktionsraster von etwa 7,80 m. Bei dieser Spannweite kann man beispielsweise in der Tiefgarage auf einer Breite von sechs Achsrastern drei Stellplätze mit der erforderlichen Mindestbreite von 2,30 m unterbringen. Dabei sind die Querschnitte der tragenden Stützen bereits berücksichtigt.

Die Wahl des Konstruktionsrasters, das auch innerhalb eines Gebäudes verschiedene Maße haben kann, wird immer ein Kompromiss aus dem Wunsch nach flexiblen Flächen ohne störende Stützen und den statischen Anforderungen an ein Gebäude sein. Sonderlösungen sind in aller Regel teurer als das Einhalten von Standards.

4.2.2.5 Flächenwirtschaftlichkeit

Für die Bestimmung der Wirtschaftlichkeit von Flächen gibt es unterschiedliche Berechnungsvarianten. Die nachfolgend genannten sollen als Beispiele dienen:

$$BGF\ pro\ Arbeitsplatz = \frac{Bruttogeschossfläche\ in\ m^2}{Anzahl\ der\ möglichen\ Arbeitsplätze}$$

$$NMF\ pro\ Arbeitsplatz = \frac{Nettomietfläche\ in\ m^2}{durch\ den\ Nutzer\ einzurichtende\ Arbeitsplätze}$$

$$Mietflächenfaktor = \frac{Nettomietfläche\ in\ m^2}{Bruttogrundfläche\ in\ m^2} \cdot 100$$

Mietflächenfaktor

Die Interessenlage der Vertragspartner kann dabei durchaus unterschiedlich sein: So möchte der Projektentwickler möglichst viel der durch ihn im Projekt realisierten Bruttogrundfläche auch vermieten. Er ist an einem hohen Mietflächenfaktor interessiert. Diese Kennzahl gibt Auskunft darüber, wie wirtschaftlich (für den Projektentwickler und für den Eigentümer) die Bauweise einer Immobilie ist. Ein hoher Anteil vermietbarer Fläche an der Bruttogesamtfläche führt letztlich zu einem hohen Mietertrag und damit zu einem hohen Ertragswert des Objektes. Bei Büroimmobilien kann man von einem Mietflächenfaktor zwischen 80 und 85 % ausgehen.

Diese Kennzahl ist einfach zu berechnen und intuitiv zu verstehen. Sie weist eine hohe Praxisrelevanz auf, insbesondere bei der Planung und Projektierung neuer Immobilien. Andererseits ist der Mietflächenfaktor nach Fertigstellung der Immobilie faktisch nicht mehr zu ändern. Wenn man davon ausgeht, dass die konstruktive Gestaltung des Bauwerks bereits bei der Planung eine Rolle gespielt hat, ist der Mietflächenfaktor ohne massive Eingriffe in Substanz und Statik (und damit hohe Kosten) eines Gebäudes festgeschrieben.

Ein Mieter muss davon ausgehen, dass dieses Manko bei einem ungünstigen Mietflächenfaktor mehr oder weniger in die Miete eingepreist sein wird. Er wird bei einem Vermieter einen größeren Verhandlungsspielraum vorfinden, wenn der Mietflächenfaktor überdurchschnittlich hoch ist.

NFM oder BGF pro Arbeitsplatz

Der Mieter wiederum möchte (natürlich unter Einhaltung der Arbeitsstätten-richtlinie) auf der von ihm gemieteten Fläche möglichst viele Arbeitsplätze unterbringen bzw. die erforderlichen Arbeitsplätze auf einer möglichst geringen Mietfläche arrangieren. Für ihn sind die Kennzahlen „NMF pro Arbeitsplatz" oder „BGF pro Arbeitsplatz" entscheidend. In der Praxis ergeben sich hier immer noch große Unterschiede. So liegt die Bruttogeschossfläche pro Arbeitsplatz in verschiedenen Bürogebäuden erfahrungsgemäß in einer Streubreite zwischen 18 und mehr als 36 m². Theoretisch würde das auch bedeuten, dass die Miete pro Quadratmeter um den Faktor 2 schwankt, was jedoch in der Praxis bei ansonsten vergleichbaren Immobilien kaum vorkommen dürfte. Am Markt ist zu beobachten, dass in Objekten mit hohem Flächenverbrauch pro Arbeitsplatz die Mietpreise pro Quadratmeter günstiger sind als in Objekten mit einer hohen Flächeneffektivität. Andererseits wird der Vermieter diesen Vorteil seiner Immobilie (es ist weniger Fläche pro Arbeitsplatz nötig) in einem grundsätzlich etwas höheren Mietpreis berücksichtigen.

Letztlich wird jeder am Projekt Beteiligte versuchen, einen für ihn höchstmög-lichen Nutzen zu erzielen. Der Nutzen, den ein Gewerbemieter für sich erkennen kann, wird schließlich den Ausschlag dafür geben, welchen Mietpreis er bereit ist zu bezahlen.

● TIPP

Die finanzielle Bewertung eines Nutzens ist äußerst schwierig und immer von subjektiven Einschätzungen geprägt. Zur Anwendung kommen beispielsweise Scoring-Verfahren auf Basis einer Punktbewertung oder die aus der Investitionsrechnung bekannte Nutzwertanalyse. Generell ist aber festzustellen, dass hier oft auch „Bauchentscheidungen" getroffen werden, die auf keiner verifizierbaren Berechnung beruhen.

Die absolute Größe von Flächen gibt keine Auskunft darüber, ob die Flächen auch günstig geschnitten und sinnvoll nutzbar sind. Letztlich geht es darum, welchen wirtschaftlichen Nutzen die Gebäudeflächen für den Investor haben.

▶ BEISPIEL: Fläche und Nutzbarkeit

In einem Bürokomplex sind zwei Flächen zu vermieten, und zwar 2.000 m² und 2.500 m² groß. Der Gesamtpreis der kleineren Fläche ist jedoch genau so hoch wie der der größeren Fläche. Die Ursache liegt in den Grundrissen:

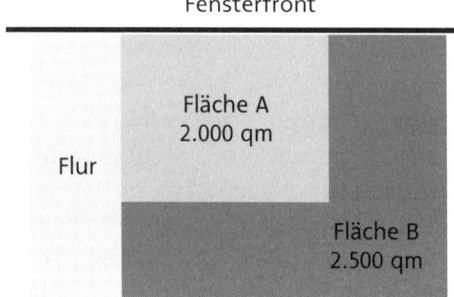

Fensterfront

Fläche A
2.000 qm

Flur

Fläche B
2.500 qm

Die Fläche B ist zwar größer, lässt sich aber wegen der ungünstigen natürlichen Beleuchtung und des unpraktischen Zuschnitts schlechter nutzen.

Quadratmeterangaben sagen nichts über die Anzahl und die Qualität möglicher Arbeitsplätze auf diesen Flächen aus. Funktionalität und Infrastruktur sind von mindestens ebenso hoher Bedeutung wie die Quadratmeter an sich. Mangelnde Funktionalität drückt sich z. B. aus in

- Flächen ohne Tageslicht,
- überdimensionierten Verkehrsflächen,
- toten Ecken,
- zusätzlich erforderlicher Gebäudetechnik bspw. für die Be- und Entlüftung,
- problematische Zugänglichkeit bspw. durch unterschiedliche Ebenen im Bauwerk oder zu enge Zugangswege,
- zu geringe Deckenlasten u. Ä.

4.2.2.6 Stellplatzverhältnis

Berechnung:

$$Stellplatzverhältnis = \frac{Mietfläche}{Anzahl\ der\ Stellplätze\ und\ Parkplätze}$$

Das Stellplatzverhältnis gibt an, auf wie viele Quadratmeter Mietfläche ein Stellplatz entfällt. Die Anzahl der Park- und Stellplätze ist dabei recht leicht zu ermitteln. Bei der Mietfläche sind verschiedene Ansätze möglich: Bruttomietfläche, Nettomietfläche oder auch Wohnfläche. Welche Größe im konkreten Fall verwendet wird, ist nicht vorgeschrieben.

Das Stellplatzverhältnis kann vom Grunde her für alle Immobilienarten ermittelt werden. Wenig relevant ist es bei Wohnimmobilien. Dort werden die Stellplätze zumeist auf die Wohneinheiten bezogen, und zwar unabhängig von den Quadratmetern Wohnfläche. Das Verhältnis richtet sich eher danach, für welche Personenzahl die fragliche Wohnung üblicherweise vorgesehen ist.

Bedeutsam ist das Stellplatzverhältnis aber für Büro- und Gewerbebauten und für Einzelhandelsimmobilien. Hier hat es einen entscheidenden Einfluss auf die Attraktivität der Immobilie. Bei neu zu errichtenden Immobilien ist die Anzahl der zu schaffenden Stellplätze generell Bestandteil der entsprechenden Baugenehmigung. Können nicht ausreichend Stellplätze geschaffen werden, ist zumeist ein Ablösebetrag an die Kommune zu leisten.

▶ **BEISPIEL: Stellplatzablöse**

Die Satzung einer Stadt sieht vor, dass je angefangene 60 m^2 Nutzfläche ein Stellplatz zu errichten ist. Ein Investor möchte in innerstädtischer Lückenbebauung ein Geschäftshaus mit 1.250 m^2 Nutzfläche errichten. Das würde bedeuten, dass er 21 Stellplätze nachweisen muss. Da die räumlichen Gegebenheiten lediglich eine Tiefgarage mit 15 Stellplätzen zulassen, erhält er die Baugenehmigung nur unter der Auflage, eine Ausgleichsabgabe von 6 × 8.000 EUR an die Stadtkasse zu leisten.

Eine weitere Möglichkeit könnte sein, an anderer Stelle für Ersatzstellplätze zu sorgen. Die genaue Ausgestaltung sowie die Höhe der verlangten Abgabe sind von Kommune zu Kommune unterschiedlich.

Die Vorgaben zum Stellplatzverhältnis finden sich in den jeweiligen Bauordnungen. Bei neu zu errichtenden Büroimmobilien wird ein Verhältnis von etwa 40 bis 80 m² Nutzfläche genannt[10]. Dieses Maß wird insbesondere bei älteren Immobilien in Innenstädten oft nicht erreicht. Zwar gibt es in der Regel einen Bestandsschutz — es müssen nicht nachträglich weitere Stellplätze geschaffen werden. Allerdings ist für die Immobilie mit einem entsprechenden Wertabschlag zu kalkulieren.

Ein deutlich niedrigeres Stellplatzverhältnis wird für Einkaufszentren verlangt. Das wird einerseits in der entsprechenden Bauordnung vorgeschrieben, andererseits liegt ein niedriges Stellplatzverhältnis im ureigenen Interesse des Betreibers: Einkaufszentren werden nur frequentiert, wenn den Kunden eine ausreichende Anzahl (kostenfreier) Parkplätze zur Verfügung gestellt wird.

4.2.2.7 Energieverbrauchskennwert

Berechnung:

$$Energieverbrauchskennwert = \frac{JEV_{t-3} + JEV_{t-2} + JEV_{t-1}}{3 \cdot NGF}$$

JEV = Jahresenergieverbrauch in KWh in den letzten drei Jahren (t – 3 bis t – 1)
NGF = Nettogrundfläche

Mit dem Energieverbrauchskennwert wird ein Bauwerk energetisch bewertet, indem der Mittelwert der Energieverbräuche der letzten drei Jahre (Kalenderjahre oder Abrechnungsjahre) in Kilowattstunden auf die Nettogrundfläche bezogen wird. Bei Wohngebäuden wird anstelle der Nettogrundfläche die gesamte Nutzfläche des Gebäudes angesetzt.

---

[10]   vgl. Wendlinger (2012), S. 170

Beim Energieverbrauch wird unterschieden nach Heizenergieverbrauch und Verbrauch für elektrische Energie.

Der Vorteil dieser Kennzahl besteht in einem schnellen und problemlosen Ausweis des gemessenen Energieverbrauchs. Der Nachteil liegt darin, dass lediglich der Energieverbrauch festgestellt wurde, nicht aber die Gründe dafür. Diese können verschiedenste Ursachen haben:

- technische Schwachstellen, wie ineffiziente Heizanlage oder Fehler in der Wärmedämmung
- individuelles Verhalten der Nutzer
- längere Leerstände (Diese müssten in der Rechnung korrigiert werden.)

Die folgende Abbildung gibt einen Überblick über die Energieverbrauchswerte von Wohngebäuden unterschiedlicher energetischer Ausgestaltung.

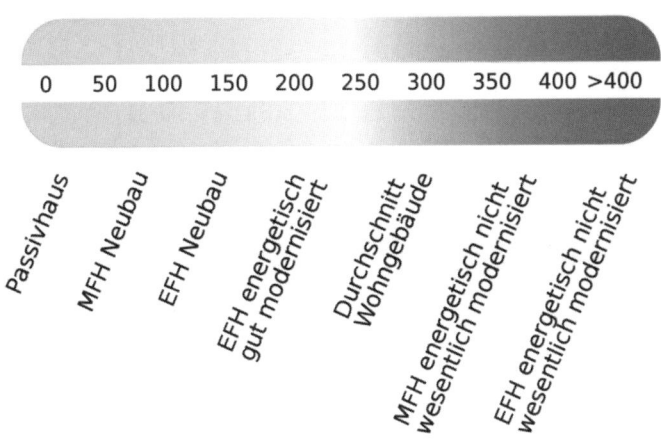

Abb. 3: Energieverbrauchskennwerte von Wohngebäuden (Quelle: Wikipedia)

Der Energieverbrauchskennwert muss einerseits im Energiepass des Gebäudes ausgewiesen werden, andererseits ist er ein Verkaufsargument und hat Einfluss auf die Preisgestaltung.

Seit dem 1. Mai 2014 besteht die gesetzliche Pflicht, Miet- oder Kaufinteressenten den Energieausweis (Energiepass) bereits bei der Besichtigung unaufgefordert vorzulegen. Ansonsten drohen Bußgelder bis zu 15.000 EUR.

4.3 Finanzielle Eckdaten eines Projektes

Zum Vergleich von Immobilienprojekten dienen vor allem finanzielle Größen. Dabei werden zumeist geplante, erwartete oder bereits angefallene Kosten auf die im vorigen Kapitel vorgestellten materiellen Größen bezogen.

Die gesamten Investitionskosten sind dabei nur eine Seite der Medaille. Wichtig ist, wie sie sich zusammensetzen.

Die Unterteilung ist in der DIN 276 geregelt[11]. Aktuell gültig ist die Fassung aus dem Jahr 2008 (Kosten im Hochbau) und aus dem Jahr 2009 (Kosten im Ingenieurbau).

Mithilfe der DIN 276 sollen die Kosten strukturiert ermittelt werden und für die Planung Kostenvorgaben möglich sein. Die DIN 276 definiert Begrifflichkeiten und macht so die Ergebnisse von Kostenberechnungen vergleichbar.

Die Kostengruppen (KGR) nach DIN 276 sind:

- Kostengruppe 100   Grundstück
- Kostengruppe 200   Herrichten und Erschließen
- Kostengruppe 300   Bauwerk – Baukonstruktion
- Kostengruppe 400   Bauwerk – Technische Anlagen
- Kostengruppe 500   Außenanlagen
- Kostengruppe 600   Ausstattung und Kunstwerke
- Kostengruppe 700   Baunebenkosten

---

[11]   DIN 276 Kosten im Bauwesen, Teil 1 Hochbau, Teil 4 Ingenieurbau, 2008 und 2009

Für die Beurteilung eines Immobilienprojektes ist es nun einerseits wichtig, diese einzelnen Kostengruppen in ihrer absoluten Höhe zu kennen und zu planen, und andererseits, das Verhältnis zwischen den einzelnen Kostengruppen zu bestimmen. In einem weiteren Schritt setzt man die Kosten zu den Flächen ins Verhältnis. Auf diese Weise erhält man einen Vergleichsmaßstab und kann einzelne Projekte besser beurteilen.

TIPP

Die Kosten pro Quadratmeter Nettogrundfläche sind zwar ein geeigneter Maßstab, um den finanziellen Nutzen einer Immobilieninvestition zu beurteilen. Allerdings sollte man auch immer berücksichtigen, dass regionale Gegebenheiten und unterschiedliche Ausstattungsvarianten von einfach bis luxuriös zu Quadratmeterpreisen führen können, die sich um ein Vielfaches des Grundpreises voneinander unterscheiden können. Ein Vergleich ist also immer nur dann sinnvoll, wenn es sich auch um ähnliche Immobilien handelt.

4.3.1 Grundstückskosten und Grundstücksnebenkosten

Hierbei handelt es sich um die Kosten der KGR 100 und 200. Zu den Grundstückskosten gehören der Kaufpreis und die Erwerbsnebenkosten. Darüber hinaus können anfallen:

Grundstücksnebenkosten = Erschließung + Vermessung + Ausbaubeiträge + Abbruch

TIPP

Die hier genannten Kosten können anfallen, jedoch werden sie nicht in jedem Fall auftreten. Für einen Investor ist es wichtig, die Wahrscheinlichkeit ihres Auftretens zu beurteilen und sich ein Bild über ihre mögliche Höhe zu machen. Normalerweise gehen mit dem Kauf alle Lasten und Risiken auf den Käufer über. In manchen Fällen kann man aber auch vertraglich eine Kostenteilung vereinbaren.

Erschließung

Erschließungskosten betreffen die Erschließung des Grundstücks mit den erforderlichen Medien (Strom, Gas, Wasser, Abwasser). Bei Baugrundstücken liegen die Medien zumeist an der Grundstücksgrenze an. Vom Investor zu tragen sind dann noch die Erschließungskosten auf dem Grundstück. Problematisch ist es, wenn

- größere Entfernungen zu überbrücken oder
- zusätzliche technische Einrichtungen (Pumpen, Kläranlagen usw.) zu errichten

sind.

▶ BEISPIEL: Geteiltes Grundstück

Der örtliche Versorger (Stadtwerke) hatte das Baugrundstück bis zur Grundstücksgrenze mit Medien versorgt. Durch den Bauträger wurden anschließend das Grundstück geteilt und zwei Einfamilienhäuser errichtet. Die Erschließung des nun hinteren Grundstücksteils erfolgte nicht mehr durch die Stadtwerke, sondern musste durch den Käufer selbst übernommen werden. Zur normalen Erschließung kamen noch die Verbrauchsmesseinrichtungen hinzu, da die Stadtwerke von einem Abnehmer ausgegangen waren und keine Vorsorge für eine Trennung getroffen hatten.

Vermessung

Jedes Grundstück muss vermessen sein. Beim Kauf eines kompletten Grundstücks und dann, wenn die Grenzmarken zu finden sind, ist keine zusätzliche Vermessung erforderlich. Das ändert sich, sobald Grundstücke geteilt werden, wie das bei der Projektentwicklung durch Bauträger Usus ist. In solch einem Fall muss eine Teilungsvermessung durch einen vereidigten Vermesser erfolgen, was leicht einige Tausend Euro kosten kann. Zumeist wird der Bauträger versuchen, diese Kosten auf den Erwerber abzuwälzen.

Ausbaubeiträge

Die Erschließung und der Ausbau von Straßen und Zuwegungen kann je nach örtlicher Satzung auf die Grundstückseigentümer (teilweise) umgelegt werden. Die Umlagebeträge sind umso höher, je weniger Nicht-Anlieger die Straße nutzen. Bei einer reinen Anliegerstraße sind sie am höchsten, bei einer Durchgangsstraße am niedrigsten bzw. sie entfallen ganz.

Abbruch/Altlasten

Je nach der bisherigen Nutzung können Kosten entstehen für

- Abbruch bestehender und nicht mehr nutzbarer Gebäude,
- Beseitigung von Altlasten und
- Beseitigung von störender Vegetation (Baumfällungen).

TIPP

Werden auf einem Grundstück Altlasten (verunreinigter Boden, Munition usw.) vermutet, sollte man versuchen, die für die Altlastenbeseitigung erforderlichen Kosten fair zwischen Käufer und Verkäufer aufzuteilen. Eine Möglichkeit wäre (wobei x < y):

- Bis zum Betrag x hat der Käufer die Kosten zu tragen.
- Beträge > x und < y werden von beiden Parteien zu je 50 % übernommen.
- Beträge > y gehen wieder zulasten des Käufers.

ACHTUNG

Ein Altlastengutachten gibt trotzdem keine Sicherheit, dass tatsächlich keine Altlasten vorhanden sind. Ihre Beseitigung ist, wenn sie denn auftreten, Sache des Grundstückseigentümers. Sich einen Teil der Kosten vom Verkäufer erstatten zu lassen, ist ein schwieriges Unterfangen und endet in aller Regel vor Gericht, wenn nicht vorher eine eindeutige vertragliche Regelung getroffen wurde.

4.3.2 Baukosten und Baunebenkosten

Berechnung:

$$Baukosten\ (in\ Euro) = Kosten\ der\ KGR\ 300 + 400 + 500 + 700$$

Die Baukosten sind regelmäßig der größte Bestandteil der Gesamtinvestitionskosten. Zu den eigentlichen Baukosten kommen diverse Baunebenkosten. Beispiele dafür sind

- Planungskosten (Architekt, Statiker, sonstige Sachverständige),
- behördliche Gebühren (Baugenehmigung),
- Kosten durch eigene Aktivitäten (Recherchen, Telefon, Erstellen von Unterlagen, Anträgen usw.),
- Versicherungen (u. a. Bauherrenhaftpflicht) und
- Finanzierungskosten (Zinsen, Bankgebühren).

Baunebenkosten fallen also über die Aufwendungen für den eigentlichen Bau hinaus an. Ein Erfahrungswert ist, dass die Baunebenkosten nochmals etwa 15 % der eigentlichen Baukosten ausmachen.

Nicht in den Baukosten enthalten sind die Kosten für den Grundstückserwerb. Dadurch kann man den Aufwand für die Erstellung des Bauwerks auch an verschiedenen Standorten mit unterschiedlichen Grundstückspreisen vornehmen. Bei den Baukosten/m² ist auch die Entwicklung der Baupreise über einen bestimmten Zeitraum nachzuvollziehen.

4.3.3 Gesamtinvestitionskosten

Berechnung bei einer Bestandsimmobilie:

$$Gesamtinvestitionskosten\ (in\ Euro) = Kaufpreis + Transaktionskosten$$

Berechnung bei der Errichtung einer Immobilie:

Grundstückskosten
+ Grundstücksnebenkosten
+ Baukosten
+ Baunebenkosten
+ Transaktionskosten
= Gesamtinvestitionskosten (in Euro)

Unter Transaktionskosten sind die Erwerbsnebenkosten zu verstehen.

Damit sind in den Gesamtinvestitionskosten sämtliche aktivierungsfähigen Aufwendungen enthalten. Aktivierungsfähig sind Anschaffungskosten des Grundstücks sowie die Anschaffungs- oder die Herstellungskosten des Gebäudes. Sämtliche Nebenkosten sind in der Summe enthalten.

TIPP

Bei einer Projektentwicklung fallen regelmäßig Vertriebskosten für den Weiterverkauf des Objektes als Ganzes oder nach der grundbuchmäßigen Teilung als Teil- oder Wohneigentum an. Diese Vertriebs- oder Vermarktungskosten sind ebenfalls Bestandteil der Gesamtinvestitionskosten.

Aus den Gesamtinvestitionskosten kann man auf den Sachwert einer Immobilie schließen. Die Wirtschaftlichkeit eines Bauwerks lässt sich jedoch mithilfe der Gesamtinvestitionskosten nicht ermitteln. Hierfür sind weitere Kennzahlen erforderlich.

4.3.4 Kosten pro Quadratmeter

Berechnung:

$$Kosten_x \, pro \, m^2 = \frac{Kosten_x \left(in \, Euro \right)}{Nettogrundfläche \left(in \, m^2 \right)}$$

$Kosten_x$ = Kosten der Kostendefinition x, z. B. Baukosten, Gesamtinvestitionskosten usw.

Die oben bestimmten Kosten werden zur Nettogrundfläche ins Verhältnis gesetzt. Damit erhält man einen Wert, der gut Vergleiche zwischen verschiedenen Projekten ermöglicht. Die Kosten der einzelnen Kostenarten bezogen auf den Quadratmeter Nettogrundfläche machen deutlich, welche Summen durch die Vermietung oder Verpachtung des Grundstücks wieder „verdient" werden müssen, um das Projekt wirtschaftlich betreiben zu können.

Stellt man die Kosten pro Quadratmeter in eine Zeitreihe, lässt sich relativ einfach ein Überblick ermitteln, wie sich die Baukosten oder die Gesamtinvestitionskosten, aber auch die Grundstückspreise in den letzten Jahren entwickelt haben.

Als Bezugsgröße wird meistens die Nettogrundfläche verwendet. Diese Fläche ist die Basis für Mietpreise, aber auch für die Kalkulation bei einem Weiterverkauf. Selbstverständlich ist es auch möglich, andere Flächendefinitionen zugrunde zu legen, wie z. B. die Mietfläche, die Hauptnutzfläche, die Bruttogrundfläche u. a. Das wiederum macht es erforderlich, bei der Verwendung der Kosten pro Quadratmeter genau darauf zu achten, welche exakte Flächendefinition bei der Berechnung als Basis diente.

TIPP

Bei den Grundstückskosten ist es inhaltlich sinnvoll, darüber hinaus auch die Kosten pro Quadratmeter Grundstücksfläche zu bestimmen. Das liegt darin begründet, dass Grundstücke auch ohne Bauwerke gehandelt werden und damit der Quadratmeterpreis des Grundstücks (erschlossen oder noch nicht erschlossen) als Entscheidungsmerkmal für die wirtschaftliche Sinnhaftigkeit eines Grundstückskaufes gilt.

4.4 Rechtliche Rahmenbedingungen

Als „Baurecht" wird die allgemeine Rechtsordnung des Bauens bezeichnet. Es kann teilweise recht restriktiv sein. Im privaten Baurecht werden die Beziehungen zwischen den privat am Bau Beteiligten geregelt, u. a. durch das Bauvertragsrecht. Grundsätzlich steht es den Baubeteiligten frei, durch vertragliche Einigungen von den allgemeinen Regelungen abzuweichen, solange sie keine Regeln des öffentlichen Baurechts verletzen.

Das öffentliche Baurecht hat Vorschriften zum Gegenstand, um das öffentliche Interesse zu schützen. Wesentliche Bestandteile des öffentlichen Baurechts sind:

- die Zulässigkeit der baulichen Nutzung,
- die bestimmungsgemäße Nutzung,
- Grenzen und ihre Einhaltung,
- die Errichtung baulicher Anlagen,
- wesentliche Veränderungen und Beseitigung von baulichen Anlagen u. a.

Das öffentliche Baurecht teilt sich in das Bauplanungsrecht (Sache des Bundes) und das Bauordnungsrecht (Ländersache).

Hauptnorm im Bauplanungsrecht ist die Erstellung eines Bebauungsplanes nach § 1 Baugesetzbuch (BauGB). Die Bebauungspläne werden durch die Gemeinden aufgestellt. Vorstufe des Baubauungsplanes ist der Flächennutzungsplan (vorbereitender Bauleitplan), auf dem der Bebauungsplan (verbindlicher Bauleitplan) aufbaut[12]. Die landesspezifischen Bauordnungen bilden den rechtlichen Rahmen für die weiter gehenden gestalterischen Vorschriften in den Bebauungsplänen.

Das gesamte öffentliche Baurecht orientiert sich an den Bedürfnissen der Allgemeinheit. Unter anderem werden im Baugesetzbuch genannt:

- soziale, wirtschaftliche und umweltschützende Anforderungen
- menschenwürdige Umwelt
- Klimaschutz
- städtebauliche Gestaltung
- baukulturelle Erhaltung und Entwicklung des Orts- und Landschaftsbildes u. a.

---

[12] Baugesetzbuch, 2004, § 1 Abs. 1 und 2

Das bedeutet aber auch, dass Belange des Einzelnen gegebenenfalls zurückstehen müssen gegen sich im Baurecht widerspiegelnde Anforderungen der Allgemeinheit.

4.4.1   Bebauungsplan (B-Plan)

Im Bebauungsplan wird durch die Gemeinde (Kommune) festgelegt, welche Nutzungen auf einer Fläche zulässig sind, und zwar unabhängig vom Eigentümer des Grundstücks. Der Bebauungsplan ist damit eine verbindliche Satzung. In die Erstellung des Bebauungsplanes werden die Bürger stark einbezogen, der gesamte Ablauf ist gesetzlich geregelt. Schließlich hat ein B-Plan langanhaltende und erhebliche Auswirkungen auf die Nutzungsmöglichkeiten von Grundstücken. Andererseits müssen Einwände, Bedenken und Anregungen rechtlich begründet sein. Eigene Wunschvorstellungen sind nicht ausreichend. Nach einem Abwägungsprozess wird der Bebauungsplan dann durch die Gemeindevertretung rechtsgültig beschlossen. Danach kann ein einmal beschlossener Bebauungsplan nicht ohne Weiteres wieder geändert werden.

Die Genehmigung (oder Ablehnung) von Bauanträgen erfolgt dann ausschließlich nach den Festsetzungen des B-Planes. Jedoch besteht auch die Möglichkeit der Befreiung von den Festlegungen des Bebauungsplanes, was ihm eine gewisse Flexibilität verleiht[13].

TIPP

Der Bebauungsplan ist öffentlich. Er kann von allen, die sich für ein Grundstück interessieren, bei der Gemeindeverwaltung (ggf. Bauordnungsamt oder Stadtplanungsamt) eingesehen werden. Die für den Einsichtnehmenden relevanten Informationen finden sich im Textteil oder im Planteil.

Grundlage des Bebauungsplanes ist eine amtliche Flurkarte, auf der alle Grundstücke des Planungsgebietes und die angrenzenden Grundstücke eingetragen sind. Die Grenze des Gebietes, für das der Bebauungsplan gilt, ist in der Karte eindeutig markiert.

---

[13]   Baugesetzbuch, 2004, § 31 Abs. 2

Für einen Bauherrn sind vor allem folgende Eintragungen relevant:

Art der baulichen Nutzung

Die erlaubte Art der baulichen Nutzung hat hohe Bedeutung für die Ermittlung von Bodenrichtwerten. Zu unterscheiden sind:

- Wohnbaufläche (Abkürzung im Bebauungsplan: W). Eine weitere Untergliederung ist die Definition als Kleinsiedlungsgebiet, reines Wohngebiet, allgemeines Wohngebiet und besonderes Wohngebiet. Grundsätzlich ist auf reinen Wohnbauflächen auch ausschließlich Wohnbau gestattet. Ob und auf welchen Flächen auch ein das Wohnen nicht störendes Gewerbe zulässig ist, wird gesondert geregelt.
- Gewerbliche Baufläche (G). Gewerbliche Bauflächen können weiter gegliedert werden in Gewebegebiete und Industriegebiete. Im Vergleich zu Industriegebieten sind in Gewerbegebieten einige Einschränkungen mehr zu beachten.
- Mischgebiete (gemischte Bauflächen) (M). Hier erfolgt keine genauere Spezifizierung.
- Sonderbauflächen (S)

Diese Flächen sind zur Bebauung vorgesehen. Weitere Flächen, die nicht zur Bebauung vorgesehen sind, finden sich im Flächennutzungsplan z. B. als

- Versorgungsflächen und Flächen für Gemeindebedarfseinrichtungen (Sportplatz, Kläranlage ...),
- überörtliche Verkehrsflächen,
- Grünflächen (einschließlich Friedhöfe),
- Wasserflächen,
- landwirtschaftliche Flächen und Wald,
- nutzungsbeschränkte Flächen,
- Ausgleichsflächen zum Ausgleich von Eingriffen in Natur und Landschaft.

Bauweise

Es kann offene (o) oder geschlossene (g) Bauweise vorgeschrieben werden. Offene Bauweise heißt: Bau von Einzel-, Doppel- oder Reihenhäusern. Die Gesamtlänge eines Bauwerks darf dabei 50 m nicht überschreiten. Bei der geschlossenen Bauweise müssen die Wände so auf die Grenze gebaut werden, dass sie sich berühren. In diesem Fall gelten die Abstandsflächen zwischen Außenwand und Grundstücksgrenze nicht. (Das trifft natürlich nicht auf sämtliche Außenwände zu, sondern nur dort, wo sich die Häuser zweier Nachbargrundstücke entlang des Straßenlaufs berühren.)

Maß der Bebauung

Das mögliche Maß der Bebauung wird festgelegt durch die beiden Kennzahlen „Geschossflächenzahl" und „Grundflächenzahl".

Baulinien und Baugrenzen

Baulinien und Baugrenzen legen fest, an welcher Stelle des Grundstücks gebaut werden darf bzw. gebaut werden muss und welche Stellen frei bleiben müssen.

Baugrenzen geben an, bis zu welcher Grenzlinie ein Gebäude errichtet werden darf. Sie dürfen nicht überschritten werden. Andererseits gibt es keine Verpflichtung, bis an sie heranzubauen.

Baulinien sind Geländelinien, an die herangebaut werden muss.

▶ BEISPIEL: Baulinie

In einer innerstädtischen Straße mit geschlossener Bebauung existiert eine Baulücke, die nun bebaut werden soll. Der Bebauungsplan legt eine Baulinie fest, die die Fronten der Nachbarhäuser aufnimmt. Das bedeutet, dass das zu errichtende Gebäude einerseits an die Nachbargebäude angebaut werden muss (geschlossene Bebauung) und andererseits genau die

Flucht derer Fassaden aufzunehmen hat. Auf diese Weise wird die Lücke geschlossen. Nicht gestattet wäre es, das Haus zurückzuversetzen, um beispielsweise einen Vorgarten zu erhalten, auch wenn die Platzverhältnisse auf dem Grundstück das zulassen würden.

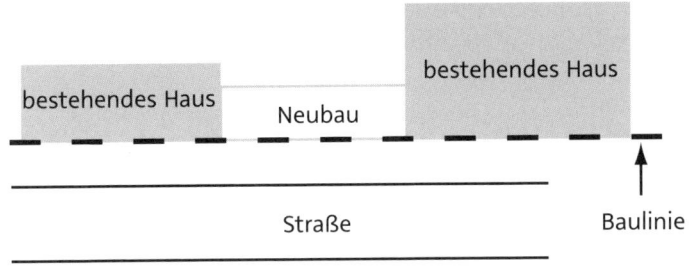

Baulinien und Baugrenzen ergeben auf dem Grundstück das „Baufenster".

Sonstige Vorschriften

Die sonstigen Vorschriften können recht vielfältig sein. Beispiele sind

- Dachformen und Dachneigung,
- Farbvorschriften für Fassade und Dacheindeckung,
- Hauptrichtung des Firstes,
- Bepflanzung usw.

4.4.2 Vorhaben- und Erschließungsplan (VuE-Plan)

Der Vorhaben- und Erschließungsplan ist eine Sonderform des Bebauungsplanes. Er wird zwischen einem Investor und der Gemeinde abgestimmt, um ein Bauvorhaben und damit verbundene Erschließungsmaßnahmen schneller als üblich durchführen zu können. Der VuE-Plan wird in einen vorhabenbezogenen Bebauungsplan, der parallel aufgestellt wird, einbezogen.

Der Vorhaben- und Erschließungsplan als städtebaulicher Vertrag ist im Baugesetzbuch[14] geregelt. Er wird wie ein Bebauungsplan abgewickelt, wobei die Bau- und die Finanzierungsverpflichtung insgesamt einem Investor übertragen werden.

In der Regel wird eine Bebauungsfrist festgelegt, wodurch für den Investor eine vertragliche Verpflichtung zum Bau entsteht.

4.4.3 Geschossflächenzahl (GFZ)

Berechnung:

$$GFZ = \frac{Geschossfläche\,in\,m^2}{Grundstücksfläche\,in\,m^2}$$

Die Geschossflächenzahl ist Bestandteil des Bebauungsplanes und gibt an, wie viel Quadratmeter Geschossfläche pro Quadratmeter Grundstück errichtet werden dürfen[15]. Das lässt sich durch einfache Umstellung der Berechnungsvorschrift ermitteln:

$$Zulässige\,Geschossfläche\,des\,Gebäudes = Grundstücksfläche \cdot GFZ$$

▶ **BEISPIEL: Maximale Geschossfläche**

Im Bebauungsplan ist eine Geschossflächenzahl von 0,8 festgelegt. Auf einem Grundstück von 900 m² dürfen damit maximal 720 m² Geschossfläche errichtet werden. Das würde bei dreigeschossiger Bauweise drei Vollgeschosse mit je 240 m² Bruttogeschossfläche ermöglichen.

❗ **ACHTUNG**

Bei der Geschossflächenzahl wird immer von der Bruttogeschossfläche gesprochen. Die im obigen Beispiel genannten 240 m² beziehen sich also auf die Außenmaße des Gebäudes. Das würde hier Außenmaße von bspw. 12 × 20 m ermöglichen.

---

[14] Baugesetzbuch, 2004, § 12
[15] siehe Verordnung über die bauliche Nutzung der Grundstücke, 1990, § 20 Abs. 2

Die Geschossflächenzahl sagt noch nichts darüber aus, ob bei dem Gebäude in die Höhe oder in die Breite gebaut werden darf. Das wird in anderen Vorschriften (u. a. zur Grundflächenzahl) geregelt.

Bei Bestandsimmobilien kann es vorkommen, dass auf einem Grundstück ein Gebäude steht, das die aktuell gültige Geschossflächenzahl überschreitet. Eine solche Situation kann dadurch entstanden sein, dass zum Zeitpunkt der Errichtung des Bauwerkes für dieses Grundstück andere Vorschriften bestanden, z. B. weil damals noch kein Bebauungsplan existierte. Das Haus genießt Bestandsschutz. Für den Eigentümer bedeutet das, dass er wegen der größeren Geschossfläche eine größere Mietfläche zur Verfügung hat und demnach höhere Mieterträge erzielen kann. In solch einem Fall müsste bei der Wertermittlung der Bodenrichtwert angepasst, hier also erhöht werden.[16]

Betrug die GFZ im Zeitalter der „Mietskasernen" in deutschen Großstädten bis zu 4, pendelte sie sich in Großsiedlungen deutscher Städte inzwischen auf einen Wert von etwa 1 ein. In offen bebauten Gebieten am Rand von Städten oder in Vororten liegt sie deutlich darunter.

4.4.4   Grundflächenzahl (GRZ)

Berechnung:

$$GRZ = \frac{Grundfläche\,des\,Gebäudes\,in\,m^2}{Grundstücksfläche\,in\,m^2}$$

oder, nach Umstellung der Formel:

$$Zulässige\,Grundfläche\,des\,Gebäudes = Grundstücksfläche \cdot GRZ$$

---

[16] vgl. Geyer, Immobilien und ihre Finanzierung, 2008, S. 75/76

Die Grundflächenzahl ist im Bebauungsplan festgelegt und gibt an, wie viel Quadratmeter der Grundstücksfläche bebaut werden dürfen.[17] Die Grundfläche ist die Fläche, mit der ein Gebäude den Boden berührt. Umgangssprachlich wird auch von der „bebauten Fläche" gesprochen.

> **TIPP**
>
> Die bebaute Fläche ist die Fläche, mit der der Boden berührt wird. Im Gegensatz dazu ist die überbaute Fläche die Fläche, die durch das Bauwerk überdeckt wird. In der überbauten Fläche sind also auch Dachüberstände enthalten.

Bei der Ermittlung der GRZ werden sämtliche bauliche Anlagen auf dem Grundstück berücksichtigt. Zugänge und Zufahrten, Stellplätze und sonstige befestigte Flächen (unabhängig von der Art ihrer Befestigung) gehen also in die Berechnung ein. Eine Erleichterung gibt es allerdings: Durch die oben genannten Nebenanlagen darf die zulässige Grundfläche i. d. R. um bis zu 50 % überschritten werden, allerdings maximal bis zur GRZ 0,8.

> **BEISPIEL: Wirkung der GRZ**
>
> Im Bebauungsplan ist eine GRZ von 0,28 angegeben. Das bedeutet: 28 % des Grundstücks dürfen bebaut werden. Die Grundstücksfläche beträgt 450 m². Das geplante Fertigteilhaus hat eine Grundfläche von 140 m². Damit würde eine GRZ von 0,31 erreicht, was nicht zulässig ist. Ein Ausweg wäre, ein höheres Haus mit geringerer Grundfläche zu bauen. Aber auch da wären die Bestimmungen zur Geschossflächenzahl und ggf. zur Anzahl der zulässigen Vollgeschosse zu beachten.

4.4.5 Baumassenzahl (BMZ)

Berechnung:

$$BMZ = \frac{Baumasse\ in\ m^3}{Grundstücksfläche\ in\ m^2}$$

---

[17] Verordnung über die bauliche Nutzung der Grundstücke, 1990, § 19

Die Baumassenzahl[18] hat Bedeutung für den Gewerbe- und Industriebau. Mit ihr werden die zulässigen Grenzen bei Industriebauten beschrieben. Der Hintergrund: Die GFZ gibt dann kein sinnvolles Maß, wenn die Gebäude sehr hoch sind, aber nur ein Vollgeschoss haben. Das ist z. B. bei Werkhallen der Fall.

Die Baumasse (nicht zu verwechseln mit der physikalischen Einheit „Masse") berücksichtigt also die Außenmaße eines Gebäudes. Die Höhe wird vom Fußboden des untersten Vollgeschosses (im Regelfall der Keller) bis zur Decke des obersten Vollgeschosses berechnet.

4.4.6   Baulasten

Baulasten sind öffentlich-rechtliche Verpflichtungen eines Grundstückseigentümers. Diese Verpflichtungen entstehen gegenüber der Baubehörde und betreffen bestimmte Dinge, die im Zusammenhang mit dem Grundstück stehen: etwas tun, etwas dulden, etwas unterlassen.

Eine eingetragene Baulast ist verpflichtend! Die Verpflichtung wird in das Baulastenverzeichnis aufgenommen. Da es sich um eine zivilrechtliche Angelegenheit handelt, kann der Belastete unter Umständen einen zivilrechtlichen Anspruch gegenüber dem Begünstigten geltend machen. Verwaltungsrechtlich wirkt die Baulast nur zwischen der Bauaufsichtsbehörde und dem Übernehmer der Baulast (Grundstückseigentümer).

!   **ACHTUNG**

Baulasten sind keine Grunddienstbarkeiten und genießen deshalb auch keinen öffentlichen Glauben.

Gegebenenfalls können Baulasten wertbeeinflussend sein.

---

[18]   Verordnung über die bauliche Nutzung der Grundstücke, 1990, § 21

► **BEISPIEL: Baulast**

Die Abstandsflächen für ein Bauvorhaben können auf dem Baugrundstück nicht untergebracht werden. Der Nachbar gestattet die Eintragung einer Baulast in der Form, dass sich die fehlende Abstandsfläche auf sein Grundstück erstrecken kann.

Geregelt wird das Verfahren der Baulasten in den jeweiligen Landesbauordnungen.

5   Kennzahlen zur Beurteilung des Marktes

Mehr noch als bei anderen Investments ist man bei Immobilien auf die richtige Beurteilung des Marktes angewiesen. Das hat zwei wesentliche Gründe:

- Immobilien sind, wie der Name schon sagt, immobil. Das heißt, man kann mit bestehenden Immobilien nicht einfach auf räumlich andere Märkte ausweichen. Ein einmal festgelegter Standort ist endgültig.
- Immobilien haben im Vergleich zu anderen Wirtschaftsgütern eine relativ lange Lebensdauer. Da ein Investor demzufolge für einen Zeitraum von mehreren Jahrzehnten auf Liquidität verzichtet — er hat sie ja in die Immobilie gesteckt —, möchte er einen Ausgleich dahin gehend, dass das Investment relativ sicher ist.

! WICHTIG

Natürlich sind für einen Projektentwickler zunächst seine Kosten (z. B. für Bauleistungen) interessant und demzufolge die Beobachtung des Marktes auf der Beschaffungsseite. Hier ergibt sich jedoch keine Spezifik gegenüber anderen gewerblich Tätigen. Aus diesem Grund wird dieser Teil der Beurteilung des Marktes hier ausgeblendet.

Relevant sind vor allem:

1. Wie wird sich die Nachfrage nach der von mir zu entwickelnden Immobilie gestalten — zum Zeitpunkt der Fertigstellung und Vermarktung, aber auch auf lange Sicht? Hierzu gehören bei Immobilieninvestitionen auch Fragen der demografischen Entwicklung.
2. Wie werden sich die Preise und die Kaufkraft entwickeln? Preise von Immobilien sind stark von der konkreten Lage abhängig. Demzufolge ist auch zu eruieren, ob evtl. in absehbarer Zeit lagebeeinflussende Veränderungen anstehen. Das könnte z. B. dadurch geschehen, dass durch den Bau einer Umgehungsstraße ein momentan durch den Verkehr störend beeinflusster Standort zur ruhigen Innenstadtlage wird. Aber auch die andere Variante ist denkbar: An der Eigenheimsiedlung in Stadtrandlage fließt nach

Fertigstellung der Umgehungsstraße auf einmal der Durchgangsverkehr vorbei. (Lärmschutzmaßnahmen werden diesen Nachteil nur bedingt ausgleichen können.)
3. Wie verhält sich die Branche bzw. die Konkurrenz vor Ort?

TIPP

Ein Bauträger plant eher kurzfristig: Sein Ziel ist es, die von ihm errichteten Gebäude nach Fertigstellung zu verkaufen. Aufgrund von Vorvertriebsauflagen durch die finanzierende Bank wird er wahrscheinlich schon vor Baubeginn einen nicht unerheblichen Teil des Bauwerkes veräußert haben. Allerdings ist auch er indirekt von der langfristig erwarteten Nachfrage abhängig: Nur wenn es sich um ein Objekt handelt, von dem anzunehmen ist, dass es langfristig nachgefragt wird — ob durch Mieter oder als langfristig erstrebenswerte Wohnlage —, werden sich angemessene und kostendeckende Preise realisieren lassen.

Die Beobachtung des Marktes umfasst einerseits die allgemeine Marktentwicklung und andererseits die Einschätzung der Stellung des eigenen Unternehmens in diesem Umfeld. Basis sind häufig amtliche und Branchenstatistiken, aber auch Einschätzungen professioneller Marktforschungsinstitute oder der objektfinanzierenden Banken. Aus der Beobachtung des Marktes resultiert dann eine Prognose der Entwicklung.

Generell handelt es sich bei Immobilienmärkten um regional geprägte Märkte. Auch global agierende Großinvestoren müssen sich bei den Einzelobjekten den Gegebenheiten des örtlichen Marktes stellen. Sie haben lediglich die Möglichkeit, bestimmte Regionen oder Länder für ihre Investitionen zu präferieren oder zu meiden.

Einen Versuch, die definierten Flächen und Begriffe vergleichbar zu machen, unternahm die Gesellschaft für immobilienwirtschaftliche Forschung e. V. (gif). Die gif gibt regelmäßig Richtlinien zur Flächendefinition heraus, die allgemein genutzt werden.[19]

---

[19] vgl. gif (a), 2012; gif (b), 2012; gif (c), 2012

5.1   Marktkennzahlen zu Flächen

5.1.1   Flächenangebot

Berechnung:

aktueller Leerstand
+ Flächen im Bau
+ Flächen in der Planung/Projektierung
= Flächenangebot

Es ist sinnvoll, das Flächenangebot nach verschiedenen Typen zu gliedern. Das könnten sein:

- Mietwohnflächen
- Büroflächen
- sonstige Gewerbeflächen
- Einzelhandelsflächen

Damit werden sämtliche Flächen in die Betrachtung einbezogen, die aktuell bzw. in den nächsten Monaten für eine Vermarktung vorgesehen sind.

Leerstehende Flächen sind sofort auf dem Markt. Flächen im Bau und Flächen in Planung und Projektierung bedienen den mittel- und langfristigen Bereich. Hat man diese Daten, kann man relativ schnell und einfach feststellen, ob eine eigene geplante Investition überhaupt sinnvoll ist und auf dem Markt ankommen könnte. Dazu vergleicht man das Flächenangebot mit der Flächennachfrage.

Problematisch ist, dass die erforderlichen Daten nicht offen zugänglich sind. Auf volatilen und bedeutenden Immobilienmärkten kann man aus einer Vielzahl von Informationen auf das allgemeine Flächenangebot schließen. Bei kleinen und wenig bedeutsamen Märkten ist das sehr schwierig.

● **TIPP**

Das Studium der für eine Region geschalteten Immobilienanzeigen kann hilfreich sein. Die Tagespresse, aber vor allem die üblichen Datenbanken für Immobilienangebote führen recht schnell zu einem Gefühl dafür, was aktuell auf dem Markt ist oder in Kürze auf den Markt kommen wird. Interne Pläne anderer Projektentwickler sind hingegen kaum in Erfahrung zu bringen.

Die Kennzahl „Flächenangebot" ist einerseits etabliert, andererseits wegen der fehlenden oder nicht zugänglichen Datenbasis ungenau. Auch sagt das Flächenangebot insgesamt nichts darüber aus, in welchen Sektoren und in welchen Qualitäten die angebotenen Flächen liegen. Das Flächenangebot ist damit eine Kennzahl, die lediglich der allgemeinen Orientierung dienen kann.

5.1.2 Flächennachfrage

Das Gegenstück zum Flächenangebot ist die Flächennachfrage.

Definition: Flächennachfrage

Die Flächennachfrage ist die Summe aller aktiven Flächengesuche.

Die Nachfrage bezieht sich dabei immer auf einen klar abgegrenzten Marktbereich und einen bestimmten Zeitraum (Quartal, seltener Jahr). Problematisch bei dieser Kennzahl:

- Doppelerfassung von Nachfragen, wenn z. B. Makler beauftragt werden und parallel dazu individuell nachgefragt wird
- schwer zu prüfen, ob wirklich ein nachhaltiges Anmietinteresse besteht oder ob lediglich ein „Testballon" gestartet wurde
- individuell manipulierbar

Als exakt berechenbare Kennzahl ist die Flächennachfrage nicht geeignet. Allerdings lässt sich ein Trend feststellen, ob die Nachfrage in bestimmten Märkten steigt, stagniert oder sinkt. Daraus lassen sich Schlussfolgerungen auf die Attraktivität des Marktes ziehen.

5.1.3   (Büro-)Flächenbestand

Definition: Flächenbestand

Der Flächenbestand ist die Summe aller fertiggestellten Flächen.

Die Kennzahl wird zumeist nur auf Büroflächen angewendet, ist prinzipiell aber auch für andere Flächenarten (Gewerbe, Handel, Wohnfläche) nutzbar. In der so ausgewiesenen Summe sind diejenigen Flächen enthalten, die vermietbar oder handelbar sind.

▶ BEISPIEL: Arbeitszimmer

Das selbst genutzte Arbeitszimmer in der eigenen Wohnung oder im eigenen Haus gehört also nicht dazu. Eine Ausnahme wäre, wenn das Arbeitszimmer einen separaten Zugang hat und die Anforderungen der Arbeitsstättenrichtlinie erfüllt, sodass es auch separat zu vermieten wäre.

Es spielt keine Rolle, ob die Flächen aktuell frei sind oder benutzt werden.

● TIPP

Verwechseln Sie nicht den Flächenbestand und das Flächenangebot. Das Flächenangebot umfasst die Flächen, die zur Vermarktung anstehen, der Flächenbestand alle Flächen, unabhängig davon, ob sie zur Vermietung anstehen oder nicht.

Der Flächenbestand ist eine wichtige Bezugsgröße für die Kennzahl „Leerstandsquote". Der Leerstand bezieht sich immer auf den jeweiligen Bestand an Flächen.

Der Flächenbestand fasst alle Flächen zusammen, sodass keine Aussagen darüber getroffen werden können, welche Qualität die Flächen haben und welchen Standards sie entsprechen.

5.1.4 Flächen im Bau und Flächen in Planung/Projektierung (Pipeline)

Definition: Flächen im Bau und Flächen in Planung/Projektierung

Flächen im Bau sind alle aktuell im Bau befindlichen und noch nicht vermieteten oder verkauften Flächen.

Flächen in Planung oder Projektierung sind fertige Flächen ohne Mieterausbau sowie projektierte Flächen einschließlich Sanierungsmaßnahmen an bestehenden Objekten.

Beide Größen werden empirisch am Markt ermittelt.

Die Flächen in Planung oder Projektierung werden auch als „Pipeline" bezeichnet.

Aus den Kennzahlen „Flächen im Bau", der Leerstandsquote und der Nachfrage kann man auf die künftige Entwicklung der Marktsituation schließen. Der Zeithorizont ist dabei mittelfristig.

Für die „Flächen in Planung und Projektierung" könnte bereits jetzt ein Nutzungsvertrag, der ab einem späteren, aber definierten Zeitpunkt wirksam ist, abgeschlossen werden. Die projektierten Flächen sind zumeist bereits im Vorfeld vermietet, ohne dass der Bau begonnen hat. Hier wird mit dem Bau erst dann begonnen, wenn ein bestimmter Stand der Vermietung erreicht ist. Hintergrund sind „Vorvertriebsauflagen" durch Kreditinstitute oder auch geschäftspolitische Entscheidungen der Investoren. Sie werden eine Maßnahme erst dann einleiten, wenn der Erfolg durch bereits erfolgten Vertrieb wahrscheinlich ist.

Anwachsende Flächen im Bau deuten auf höheres Angebot hin. Sollte sich die Nachfrage nicht ebenfalls erhöhen, heißt das, dass das durchschnittliche Preisniveau voraussichtlich unter Druck gerät. Andererseits deuten viele Flächen im Bau und in der Pipeline auf einen attraktiven Standort hin.

Problematisch bei diesen Kennzahlen ist, dass sie keine Auskunft über die Qualität und damit über die konkrete Konkurrenzsituation geben. Darüber hinaus beinhalten sie keine Aussagen zu den Preisen.

5.1.5 Leerstandsquote/Leerstandsrate

Berechnung:

$$Leerstandsquote = \frac{Leerstand}{Gesamtbestand} \cdot 100$$

Die Leerstandsquote (oder Leerstandsrate) ist eine weitverbreitete und intuitiv zu verstehende Kennzahl. Sie gibt den Anteil der leerstehenden Flächen oder Einheiten am Gesamtbestand an. Die Berechnung kann auf verschiedenen Grundlagen erfolgen:

- stichtagsbezogene Rechnung
- Durchschnittsrechnung (eines Jahres)

Beide Rechenweisen haben ihre Berechtigung. Der stichtagsbezogene Leerstand vermeidet die Ungenauigkeiten der Durchschnittsbildung.

TIPP

Die Leerstandsquote vom letzten Monatsultimo lässt aktuellen Handlungsbedarf viel deutlicher erkennen als ein Jahresdurchschnitt. So kann es sein, dass im Durchschnitt des letzten Jahres die Leerstandsquote kaum verändert ist, durch bestimmte Effekte wie z. B. bestimmte Kündigungstermine o. Ä. aktuell aber stark angestiegen ist.

Aber es gibt auch ein Gegenargument: Wenn beispielsweise Mietverträge immer zum letzten Tag eines Quartals gekündigt werden können und der stichtagsbezogene Leerstand sich immer auf den ersten Tag eines Quartals bezieht, wird wahrscheinlich ein deutlich überhöhter stichtagsbezogener Leerstand ausgewiesen, der nach Renovierung der Wohnung innerhalb von z. B. zwei Wochen wieder ausgeglichen wird. Der Blick auf den Leerstand zum Quartalsbeginn ist dann nicht sinnvoll.

! ACHTUNG

Es gibt keine einheitliche Regel, ob die Leerstandsquote sich auf die Fläche in Quadratmetern bezieht oder z. B. auf Wohneinheiten. Bei Wohnungsgesellschaften werden gemeinhin die Wohneinheiten als Basis genommen.

Betrachtet man z. B. den Leerstand bei Büroflächen einer Stadt, ist die Basis im Regelfall die Fläche. In manchen Fällen wird auch die Sollmiete der leerstehenden Flächen zur Miete aus dem gesamten Portfolio ins Verhältnis gesetzt.

Entscheidend für die letztlich zu treffende Aussage ist auch die in der obigen Rechnung angesetzte Grundgesamtheit. So lässt sich die Leerstandsquote z. B. berechnen als

- Leerstandsquote eines Objektes. Eine solche Aussage wäre: Im Handelsobjekt „Laubenhof" gibt es eine Leerstandsquote von knapp 50 % der Handelsfläche. Ob dieser hohe Leerstand aus einer nicht besetzten Ankermietfläche oder aus einer Vielzahl kleinerer Objekte im Handelsobjekt besteht, lässt sich auf diese Weise allerdings nicht feststellen.
- Leerstandsquote eines (Teil-)Portfolios. Hier berechnen professionelle Vermieter den Anteil der leerstehenden Wohnungen an ihrem Bestand. Der Ausweis erfolgt zumeist nach Wohnungen, unabhängig von deren Größe. Für detailliertere Auswertungen erfolgt eine weitere Untergliederung, bspw. nach
  - Wohngebieten,
  - Altersstruktur der Wohnungen,
  - Wohnungs- oder Objektgrößen,
  - Wohnungstypen (z. B. Plattenbauten unterschiedlicher Grundtypen).

▶ BEISPIEL: Wohnungstypen

In der ehemaligen DDR gab es eine überschaubare Anzahl von Typenbauten, die je nach den Anforderungen teilweise modifiziert waren. Die Wohnungen des Typs P2 mit innenliegenden Küchen und Bädern und z. T. ohne Balkon wiesen nach der Wende und der Öffnung des Wohnungsmarktes schnell deutlich höhere Leerstandsquoten auf als Wohnungen des Typs WBS 70. Im Rahmen von Kosteneinsparungen wurde der Typ

WBS 70 in den letzten Jahren der DDR in einer „Ratio"-Variante gebaut. Die Grundrisse waren weniger großzügig und so stiegen dort die Leerstandsquoten an, obwohl die Häuser jünger waren als die WBS-70-Standardbauten.

- Leerstandsquote einer Region. In diesem Fall wird der Leerstand unabhängig vom Eigentümer, aber zumeist gegliedert nach unterschiedlichen Immobilienarten ausgewiesen.

Aussagen aus der Leerstandsquote

Die einzelnen Leerstandsquoten lassen Rückschlüsse auf die Attraktivität der jeweiligen Märkte zu. In Gegenden mit niedrigem Leerstand werden die Immobilienpreise und die Mieten tendenziell anziehen, da das Angebot und die Nachfrage nach Wohnraum zunächst einmal grundsätzlich den Preis beeinflussen.

BEISPIEL: Leerstand und Preis

Das Statistische Bundesamt nennt als ein Ergebnis der Wohnraumzählung (Zensus 2011): „Die angespanntesten Wohnungsmärkte mit weniger als 2 % Leerstand gab es 2011 in den Universitätsstädten Jena (1,9 %), Münster (1,6 %) und Oldenburg (1,5 %). Ebenfalls sehr knapp war der Wohnraum in den beiden Großstädten Hamburg (1,5 %) und München (2,1 %). Der Zensus zeigt aber auch, dass das Angebot an Wohnraum nicht in allen Großstädten auf eine passende Nachfrage trifft, bei der Größe, Zuschnitt, Lage, Sanierungsstand und Preis dem Bedarf der örtlichen Bevölkerung entsprechen: In den ostdeutschen Städten Chemnitz, Leipzig und Halle stand mehr als jede zehnte Wohnung leer."[20]

Auf aktuellen Leerstandsquoten bauen weiterhin auf:

- das Flächenmanagement von Investoren
- die Entwicklung von Vermietungsstrategien

---

[20] Statistisches Bundesamt, 2013

- Objekt- und Portfoliostrategien
- Entscheidungen für angestrebte Käufe und Verkäufe

Formen von Leerstand

- Wirtschaftsbedingter Leerstand: Abhängig von der konjunkturellen Entwicklung schwankt insbesondere bei Büroflächen der Leerstand. Da es immer einer gewissen Zeit bedarf, bevor eine Büroimmobilie fertiggestellt oder eine veraltete vom Markt genommen werden kann, werden sich solche Nachfrage- und Angebotsschwankungen nie ganz vermeiden lassen. Investoren versuchen ggf. antizyklisch zu handeln. Sie projektieren und investieren in neue Immobilien, obwohl die Nachfrage und die Preise aktuell für ein Investment ungünstig sind. Ziel ist es, bei wieder anziehender Nachfrage die Immobilie im Angebot zu haben. Das mit dieser Strategie verbundene Risiko ist aber hoch.
- Sanierungsbedingter Leerstand: Wenn ein Hauseigentümer (Wohnungsgesellschaft) ein Objekt grundhaft sanieren will, muss das zumeist im unbewohnten Zustand geschehen. Freiwerdende Wohnungen werden dann oft nicht wieder vermietet, bevor die Maßnahme abgeschlossen ist. Der damit verbundene Leerstand ist kurz- bis mittelfristig und kann zumeist gut geplant werden.
- Struktureller Leerstand: Struktureller Leerstand wird zumeist angenommen, wenn ein Objekt länger als drei Monate (außer bei sanierungsbedingtem Leerstand) nicht vermietet werden kann. Diese zeitliche Grenze ist jedoch relativ willkürlich. Ein struktureller Leerstand von zehn Prozent oder mehr kann für den Vermieter existenzbedrohlich werden!

▶ **BEISPIEL: „Stadtumbau Ost"**

In den neuen Bundesländern kam es in den 1990er-Jahren zu erhöhten Leerständen. Grund waren einerseits nicht mehr bedarfsgerechte Wohnungen (Qualität, Lage in Großwohnsiedlungen, Ausstattung) und andererseits massive demografische Veränderungen durch eine starke Abwanderung von Teilen der Bevölkerung. All das führte dazu, dass in einem „Stadtumbau Ost" genannten Abrissprogramm ab Ende der 1990er-Jahre mehr als 300.000 Wohneinheiten vom Markt genommen wurden. Ziel war u. a. eine Stabilisierung des Immobilienmarktes.

- Spekulativer Leerstand: Unter „spekulativ" versteht man den Leerstand von Flächen, die trotz entsprechender Nachfrage nicht vermarktet werden. Grund dafür ist, dass der Eigentümer bei einem späteren Verkauf oder einer späteren Vermietung mit höherer Rendite rechnet. Das kann u. a. dadurch eintreten, dass durch die leerstandsbedingte Verschlechterung der Bausubstanz gegenüber dem Bauordnungsamt ein Abriss durchgesetzt werden kann, um dann auf dem gleichen Grundstück rentierlicher neu zu bauen.
- Sonstige Leerstandsgründe: Die Anzahl weiterer möglicher Gründe ist hoch. Sie reichen von Erbauseinandersetzungen über fehlende finanzielle Mittel für notwendige Sanierungen (das trifft oft auch für professionelle Vermieter zu) bis hin zu ganz persönlichen Gründen.

Folgen von Leerstand

Leerstand kostet den Vermieter zunächst Geld. Stehen Wohnungen leer, darf der Vermieter anfallende Nebenkosten nicht auf die restlichen Mieter umlegen — er muss sie selbst tragen.

▶ **BEISPIEL: Nebenkosten**

In einem großen Wohnhaus mit 22 Wohneinheiten stehen sieben Wohnungen leer. Die Kosten für Betrieb und Wartung des Aufzugs werden nach Anzahl der Wohneinheiten verteilt. Die Wohnungsgesellschaft muss also für gut 31 % dieser Kosten selbst aufkommen. Dieses Problem taucht bei allen Nebenkosten auf, die nicht auf die einzelnen Mietparteien umgelegt werden können.

Weiterhin gefährden längere Leerstände die Bausubstanz. Fehlende Heizung und Lüftung sowie eindringende Feuchtigkeit bilden eine Gefahr für jedes Gebäude. Hinzu kommen ggf. Vandalismus und unrechtmäßige Nutzungen des Objektes durch Dritte.

● **TIPP**

Wenn ein Haus nicht ständig bewohnt oder genutzt wird, fallen viele letztlich substanzgefährdende Kleinigkeiten nicht auf — es reicht ein nicht geschlossenes Treppenhausfenster. Einige Vermieter sind dazu übergegangen, sog. „Wächterwohnungen" zu vermieten. Der Mietpreis ist extrem niedrig und liegt teilweise bei null, der Mieter nimmt einen deutlich schlechteren Standard in Kauf. Aber: Der Mieter hat als Ausgleich die Pflicht, auf solche Gefährdungen der Substanz zu achten und das Haus nicht vollkommen leerstehen zu lassen. Eine Dauerlösung ist das nicht, aber gut für einen begrenzten Zeitraum bis zu einer anstehenden Sanierung.

5.1.6 Nettoabsorption

„Absorption" bedeutet „in sich aufnehmen, aufsaugen" — bei Büroflächen ist damit die zusätzlich benutzte Fläche gemeint. Üblicherweise wird die Netto-absorption für Büroflächen als Jahreswert ausgewiesen.

Berechnung:

$$Nettoabsorption\left(in\,m^2\right) = belegte\,Fläche_t - belegte\,Fläche_{t-1}$$

(wobei: *belegte Fläche = Flächenbestand – LeerstandBerechnung:* und t = Jahr)

Alternative Berechnung:

$$Nettoabsorption\left(in\,m^2\right) = Flächenfertigstellung - Abgang\,von\,Flächen \pm \Delta\,Leerstand$$

Hier werden also nur die Differenzen zwischen den neu fertiggestellten Flächen einerseits und den wegen Abriss oder Sanierung vom Markt genommenen Flächen andererseits, ergänzt um die Veränderung (Δ) des Leerstandes, miteinander verrechnet. Das Ergebnis ist bei beiden Berechnungsverfahren identisch.

Die Nettoabsorption ist demnach die Differenz zwischen der belegten Fläche heute und der belegten Fläche im Vorjahr. Die belegte Fläche kann sich durch variierten Flächenbestand oder variierten Leerstand ändern.

Folgende Faktoren wirken auf die Nettoabsorption ein:

- auf der Nachfrageseite der veränderte Flächenbedarf, der durch Wachstum (oder Rückgang) der Beschäftigung im Bürobereich steigt (fällt). Jedoch führt nicht jedes Wachstum der Beschäftigung automatisch zu einer positiven Nettoabsorption. So ist es durchaus üblich, bereits gemietete Flächen zunächst intensiver zu nutzen. Bei zurückgehender Bürobeschäftigtenzahl werden aber auch nicht sofort Flächen freigemacht, sobald die Anzahl der Beschäftigten sinkt.
- auf der Angebotsseite ein Flächenzuwachs oder ein Rückbau von Büroflächen durch Abriss oder Umnutzung
- die Veränderung des Leerstandes

TIPP

Eine hohe positive Nettoabsorption deutet auf einen prosperierenden Markt für Büroflächen hin. Ein Nachfrageüberhang durch den Zuzug von Unternehmen oder die Ausweitung von Flächen bestehender Unternehmen wegen ihres Wachstums führt in solchen Phasen zu einem Flächenwachstum.
Über einen längeren Zeitraum andauernde Flächenzuwächse kommen aber erfahrungsgemäß auch einmal zum Erliegen. Der Bedarf ist gedeckt. Bei Rückgang der Nachfrage kann es demzufolge zur Gegenbewegung kommen, einer negativen Nettoabsorption. Das bedeutet, dass weniger Fläche neu angemietet als freigemacht wird.

Variante: Absorptionsquote/Absorptionsfaktor

$$Nettoabsorptionsquote\,(in\,\%) = \frac{Nettoabsorption}{Gesamtumsatz} \cdot 100$$

Ohne die Multiplikation mit 100 erhält man den Absorptionsfaktor.

Unter dem Gesamtumsatz wird gemeinhin die Summe aller Flächen, die in diesem Markt und in diesem Zeitraum vermarktet wurden (Miete, Leasing, Verkauf), verstanden.

Der Vorteil der Absorptionsquote gegenüber der Nettoabsorption besteht darin, dass man auch Märkte unterschiedlicher Größe miteinander vergleichen kann.

> **BEISPIEL: Absorption**
>
> In der Stadt J wurde eine Nettoabsorption von 12.000 m² ermittelt, in der Stadt F von 300.000 m², also dem 25-Fachen. Die Absorptionsquote in F beträgt 7 %, in J 23 %. Das heißt: Wesentlich dynamischer hat sich J entwickelt, aber der Gesamtmarkt in F ist um ein Vielfaches größer.

Variante: Zukunftsorientiert

Die Nettoabsorption gibt den Wert des letzten Untersuchungszeitraums (Jahres) wieder. Oft ist es jedoch wichtig, künftige Entwicklungen einzuschätzen. In diesem Fall wird das im nächsten Jahr hinzukommende Flächenangebot dem Gesamtumsatz gegenübergestellt:

$$\textit{Künftige Absorptionsqote } (in\,\%) = \frac{\textit{Flächenangebot des kommenden Jahres}}{\textit{Gesamtumsatz dieses Jahres}} \cdot 100$$

Wie alle zukunftsbezogenen Zahlen ist diese Quote abhängig von der richtigen Einschätzung künftiger Entwicklungen.

5.2   Mieten

Für einen Immobilieninvestor sind die Mieten die Einnahmen, sie entsprechen ungefähr dem Umsatz in einem produzierenden Unternehmen. Das unterstreicht ihre Wichtigkeit.

Zur Beurteilung des Marktes werden verschiedene mit den Mieten im Zusammenhang stehende Kennzahlen berechnet. Generell (auch aus rechtlicher Sicht) zu unterscheiden ist zwischen Wohnungsmieten und Gewerbemieten (Büromieten). Auf dem Wohnungsmietmarkt sind die gesetzlichen Beschränkungen deutlicher.

Vom Grundsatz her sind Mietverträge frei aushandelbar. Verboten sind allerdings sittenwidrige und Wuchermieten, die weit über den Marktmieten liegen und die die Notlage oder Unkenntnis einer Vertragspartei — des Mieters — ausnutzen. Wo genau die Grenze zwischen einer hohen und einer sittenwidrigen Miete liegt, ist regelmäßig Gegenstand juristischer Auseinandersetzungen. Dazu müssen Leistung und Gegenleistung in einem augenfälligen Missverhältnis stehen. Das ist zumindest dann der Fall, wenn der Mietpreis den verkehrsüblichen Mietwert eines vergleichbaren Mietgrundstücks zum Zeitpunkt des Vertragsabschlusses um etwa das Doppelte überschreitet. Zivilrechtlich ist der Mietwucher im BGB[21] geregelt. Darüber hinaus kann es strafrechtliche Konsequenzen geben.

> **! WICHTIG**
>
> Die folgenden Definitionen und Berechnungen lehnen sich an die Standards der Gesellschaft für immobilienwirtschaftliche Forschung e. V. (gif) an.[22] Die gif-Definitionen sind in der Immobilienbranche allgemein anerkannter Standard, obwohl sie keine Gesetzeskraft haben.

5.2.1 Mietspiegel

> **Definition: Mietspiegel**
>
> Der Mietspiegel ist eine Übersicht über die ortsübliche Vergleichsmiete im frei finanzierten Wohnungsbau.

Ausgeklammert wird also der Sozialwohnungsbau und sonstiger subventionierter und damit mit einer Mietbindung versehener Wohnungsbau. Gewerbe- und Büromieten sind ebenfalls nicht im Mietspiegel erfasst.

Vergleichsmieten sind essenziell für ein Mieterhöhungsverlangen des Vermieters. Nach den Regeln des BGB darf er unter Einhaltung bestimmter Fristen und einer Kappungsgrenze eine Mieterhöhung bis zur ortsüblichen Ver-

---

[21] Bürgerliches Gesetzbuch (BGB), § 138 Abs. 2
[22] Gesellschaft für Immobilienwirtschaftliche Forschung e. V. – gif, 65187 Wiesbaden

gleichsmiete verlangen.[23] Die Feststellung einer ortsüblichen Vergleichsmiete kann man nicht in jedem Einzelfall den Gerichten überlassen, das ist schlichtweg nicht ihre Aufgabe.

Genau diese Vergleichsmiete kann in einem Mietspiegel festgeschrieben sein. Aufgestellt wird er durch die Gemeinde, jedoch gibt es keine Pflicht, einen Mietspiegel zu erstellen. Andererseits gibt es auch keine Möglichkeit, gegen die Aufstellung eines Mietspiegels zu klagen.

Auf Basis einer typisierenden Aufstellung werden Eigenschaften und Ausstattungsmerkmale einer Wohnung beschrieben und die ortsübliche Vergleichsmiete des Objektes genannt. Diese Vergleichsmieten bewegen sich immer in einer Von-Bis-Spanne, um die Möglichkeit zu schaffen, innerhalb dieser Spanne eine Feinabstimmung vorzunehmen.

Typisiert wird unter anderem nach folgenden Kriterien:

- Stadtbezirk

BEISPIEL: Mietpreise in verschiedenen Stadtbezirken

Wohnungen gleicher Größe und gleicher Ausstattung können auch in der gleichen Stadt unterschiedliche Mietpreise haben. Für eine Wohnung in einem Zweifamilienhaus in einem angesehenen Villenviertel wird eine Nettokaltmiete von 10 EUR/m² verlangt. Ein ähnliches Haus steht am Rand einer Großwohnsiedlung mit stark verdichtetem Geschosswohnungsbau. Aufgrund dieser Nachbarschaft kann der Vermieter dort nur 7 EUR/m² verlangen. Dieser Unterschied hängt nicht mit der Mietsache an sich zusammen, sondern mit dem weiteren Umfeld.

- Verkehrsanbindung (ÖPNV)
- öffentliche Infrastruktur
- Dichte der Bebauung
- Verkehrslärm
- Grünflächen/Durchgrünung des Stadtbezirks

---

[23] Bürgerliches Gesetzbuch (BGB), § 558

- Alter (Baujahr) des Hauses
- Wohnungsausstattung (Heizungsart, Fußböden, Fenster, …)
- Energieeffizienz

Nicht alle dieser Merkmale müssen Eingang in den Mietspiegel finden, andererseits wird es auch darüber hinausgehend weitere Typisierungsmöglichkeiten geben.

! ACHTUNG

Ein qualifizierter Mietspiegel[24] muss besondere Voraussetzungen erfüllen. Er muss nach maximal vier Jahren neu erstellt werden, dazwischen ist nach zwei Jahren eine Anpassung anhand des Index der Lebenshaltungskosten möglich. Aus diesen kurzen Fristen schließt man, dass die genannten Mietpreisspannen zutreffen.

Da der Mietspiegel die ortsübliche Vergleichsmiete angibt, kann ein Vermieter in bestimmten Stufen die Anpassung an diese Vergleichsmiete verlangen. Die Mieterhöhung wird nur wirksam, wenn der Mieter auch zustimmt. Wenn die Erhöhung formal und inhaltlich richtig ist, muss der Mieter allerdings auch zustimmen.

Bei Neuvermietungen dürfen Vermieter die Miete selbst festlegen. Eine Kappungsgrenze liegt bei 20 % über der Vergleichsmiete.

! WICHTIG

Um dem deutlichen Anstieg von Mieten speziell in Ballungsgebieten Einhalt zu gebieten, soll noch im Sommer 2014 ein Gesetz zur sog. Mietpreisbremse in den Bundestag eingebracht werden. Damit sollen insbesondere bei Neuvermietungen die o. g. 20 % Kappungsgrenze auf 10 % gekürzt werden. Die genaue Gestaltung ist derzeit (im Februar 2014) noch unklar.

Bei der Erhebung der Daten für einen Mietspiegel sollen nur Wohnungen einbezogen werden, bei denen in den letzten vier Jahren Mieten neu festgelegt (z. B. wegen Neuvermietung oder Erstvermietung nach der Errichtung) oder

---

[24] siehe Bürgerliches Gesetzbuch (BGB), § 558d

angepasst wurden. Das führt dazu, dass der Mietspiegel keine echte Durchschnittsmiete ausweist, sondern nur die in der Regel höheren Mieten, die in den letzten Jahren vereinbart wurden. Langjährige Bestandsmietverträge bleiben außen vor.

Für einen Investor ist der Mietspiegel ein Anhaltspunkt, welche Wohnungsmieten er unter rechtlichen Aspekten verlangen kann. Ob diese Zielmiete dann am Markt auch durchsetzbar ist, hängt von Angebot und Nachfrage ab.

5.2.2 Durchschnittsmiete

Berechnung:

$$Durchschnittsmiete\left(in\,\frac{€}{m^2}\right) = \frac{Mietpreise\ der\ vermieteten\ Flächen}{gesamte\ vermietete\ Fläche}$$

Die Durchschnittsmiete wird immer für einen bestimmten Zeitraum (i. d. R. ein Jahr) ermittelt.

Dabei ist zu bedenken, dass die Durchschnittsmiete für den gesamten Flächenbestand eines bestimmten Marktes faktisch nicht zu ermitteln ist. Gemäß der gif-Definition werden deshalb die Mietpreise der im Berichtszeitraum neu abgeschlossenen Mietverträge mit der jeweils angemieteten Fläche gewichtet und so der gewogene Durchschnitt der Mieten für Neuvermietung des untersuchten Jahres festgestellt. Seit Jahren vermietete Bestandsflächen gehen in die Berechnung nicht ein.

Die Durchschnittsmiete ist ein Indikator für die erzielbaren Mieten.

▶ **BEISPIEL: Durchschnitts- und Spitzenmiete im Vergleich**

In der Citylage einer kreisfreien Stadt liegen die Durchschnittsmieten je Quadratmeter Bürofläche bei 11,17 EUR. Die Spitzenmiete in gleicher Lage liegt bei 14,00 EUR/m². Daraus kann man schließen, dass Neuvermietungen im Durchschnitt unter dem Marktniveau erfolgt sind. Somit ist zu erwarten, dass sich ein Mietsteigerungspotenzial ergibt.

Damit wird aber auch deutlich, dass es sich um den gleichen Teilmarkt und um vergleichbare Gebäude handeln muss. Eine über verschiedene Teilmärke ermittelte Durchschnittsmiete bietet keine sinnvolle Aussage.

In die Durchschnittsmietenberechnung gehen Mietflächen unterschiedlicher Qualität ein (auch wenn es sich um den gleichen Markt handelt). Wenn beispielsweise in einem Jahr eine größere Fläche geringerer Qualität neu vermietet wurde, führt das zu einem Rückgang der Durchschnittsmiete.

Basis für die Berechnung sind die Nominalmieten. Das ist die vertraglich vereinbarte Anfangsmiete ohne Berücksichtigung von Nebenkosten oder sog. Incentives.

TIPP

Wenn es auf einem Teilmarkt üblich ist, Mietanreize zu geben (= Incentives), wird die ausgewiesene Durchschnittsmiete immer leicht überhöht dargestellt.

5.2.3 Spitzenmiete

Berechnung:

$$Spitzenmiete = \frac{\sum der\,drei\,höchsten\,ermittelten\,Mieten}{3}$$

Die Spitzenmiete ist der Durchschnitt der drei höchsten Nominalmieten, die im untersuchten Markt im untersuchten Zeitraum vertraglich vereinbart wurden. Um zu einer sinnvollen Aussage zu kommen, sollten die entsprechenden Mietverträge mindestens 3 % des gesamten Vermietungsumsatzes (= der neu abgeschlossenen Mietverträge) ausmachen. Erfasst wird die Spitzenmiete durch entsprechende Maklerhäuser vor Ort. Das kann aber auch dazu führen, dass sich Spitzenmieten je nach Makler unterscheiden. Wie auch bei den anderen hier angeführten Mietwerten kann es sich also lediglich um einen Näherungswert handeln.

> **●　TIPP**
>
> Für einen potenziellen Mieter hat die Kenntnis der Spitzenmiete nur dann Aussagekraft, wenn er auch im Spitzenbereich (Toplage und -ausstattung in einem erstklassigen Objekt) mieten möchte.

Inhaltlich umfasst die Spitzenmiete das oberste Preissegment und bildet die höchste nachhaltig zu erzielende Miete in diesem Preissegment ab.

5.2.4　Höchstmiete

Im Gegensatz zur Spitzenmiete, die einen, wenn auch kleinen, Durchschnitt abbildet, ist die Höchstmiete ein Einzelwert.

> **Definition: Höchstmiete**
>
> Die Höchstmiete ist die höchste in den letzten zwölf Monaten realisierte Miete eines Teilmarktes.

Sie wird in Euro pro Quadratmeter angegeben. Aus solch einem Einzelwert kann man nicht sinnvoll auf das allgemeine Mietniveau schließen. Oft werden bei der Vereinbarung von Spitzenmieten schwache Verhandlungspositionen von Mietern ausgenutzt.

> **▶　BEISPIEL: Höchstmiete**
>
> Ein Einzelhandelsgeschäft für Lederwaren in Luxusqualität befindet sich seit Jahrzehnten in der Topeinkaufsmeile einer Großstadt. Zum Jahresende läuft der Mietvertrag aus. Der Vermieter bietet einen Anschlussvertrag nur zu einem deutlich höheren Mietpreis an, wohl wissend, dass der Geschäftsinhaber den Standort gar nicht oder nur unter unverhältnismäßig hohen Einbußen wechseln kann.

5.2.5   Mietpreisspanne (Büromarkt)

Definition: Mietpreisspanne

Die Mietpreisspanne ist die Spanne des typischen nominalen Mietniveaus eines Büromietteilmarktes unter Ausschluss außergewöhnlich hoher oder niedriger Werte.

Die Mietpreisspanne ist in ihrer Aussage eng verwandt mit der Durchschnittsmiete. Sie gibt einen Überblick über das typische Mietniveau (Nominalmieten) eines bestimmten Marktes. Außergewöhnlich hohe und außergewöhnlich niedrige Mieten werden dabei nicht berücksichtigt. Es kann also durchaus sein, dass in den vergangenen zwölf Monaten auch Mietverträge ober- oder unterhalb der angegebenen Mietpreisspanne abgeschlossen worden sind. Wie alle hier genannten Mietgrößen bezieht sich die Mietpreisspanne auf die letzten zwölf Monate.

TIPP

In den Mietspiegeln werden Mietpreisspannen für Wohnimmobilien genannt. Die ortsübliche Vergleichsmiete wird also ebenfalls in einer Spanne angegeben. Das lässt einen gewissen, wenn auch beschränkten Spielraum zur Feinanpassung, aber auch zur Interpretation.

5.2.6   Nominalmiete (Vertragsmiete)

Berechnung:

$$Nominalmiete \left(in\ \text{€} \right) = vertraglich\ vereinbarte\ Miete\ je\ m^2 \cdot Summe\ der\ gemieteten\ m^2 \cdot 12$$

Die Nominalmiete ist Basis für einige der hier angegebenen Kennzahlen zum Mietniveau eines Teilmarktes. Sie wird als Jahresmiete angegeben, deshalb die Multiplikation mit 12. (In den Mietverträgen vereinbarte Mietpreise pro Quadratmeter sind in der Regel Monatspreise.)

Gerade im gewerblichen Bereich wird die Nominalmiete häufig durch Sonder-vereinbarungen modifiziert. Für den Mieter ist demzufolge neben der vertrag-lich vereinbarten Nominalmiete die Effektivmiete wichtig.

Die Nominalmiete ist Basis für den Ausweis des Wertes der Immobilie im Er-tragswertverfahren. Auch bei der Ermittlung von Multiplikatoren (Multiples) bei der Einschätzung von Immobilienpreisen spielt sie eine Rolle. Wenn sie nicht mit der tatsächlich gezahlten Miete (Nettokaltmiete) übereinstimmt, führt das zu einem „Schönen" der Mieteinnahmen und damit zur Begründung höherer Preise.

● TIPP

Problematisch ist das Verwenden der Nominalmiete bei der Wertermitt-lung dann, wenn diese vertragliche Miete faktisch gar nicht gezahlt wird, weil im Rahmen gesonderter Vereinbarungen diverse Incentives gewährt werden. In diesem Fall ist die Nettokaltmiete als Basis der Wertermittlung genauer und auch vorgeschrieben.

5.2.7 Effektivmiete

Berechnung:

$$\textit{Effektivmiete} = \textit{Vertragsmiete je } m^2 - \frac{\dfrac{\textit{Summe gewährter Incentives}}{\textit{Laufzeit des Mietvertrags in Monaten}}}{\textit{Summe der gemieteten } m^2}$$

Bei der Effektivmiete werden die gewährten Incentives pro Quadratmeter auf die Laufzeit des Vertrages verteilt und von der Nominalmiete (Vertragsmiete) abgezogen. Die Effektivmiete ist nicht öffentlich und normalerweise nur den vertragsschließenden Parteien bekannt. Entscheidungsrelevant ist sie jedoch für den Mieter selbst.

5.2.8 Incentives

Incentives sind sog. Mietanreize. Speziell in Mietermärkten, also in den Fällen, in denen Mieter aufgrund des Verhältnisses von Angebot und Nachfrage eine gewisse Verhandlungsmacht haben, wird die Nominalmiete um gewährte Nachlässe oder Zuschüsse verringert. Solche Incentives können beispielsweise sein:

- mietfreie Zeiten
- Zuschüsse zu notwendigen Um- oder Ausbaumaßnahmen
- Bereitstellung von Ausbauten, die im Mietvertrag nicht vorgesehen waren

▶ BEISPIEL: Incentives

In ein saniertes mittelalterliches Gebäude soll eine Gaststätte einziehen. Die Besitzgesellschaft des Hauses überlässt die Räume der Gaststätte dem künftigen Wirt bereits im August, damit er die erforderlichen Einbauten vornehmen kann. Darüber hinaus übernimmt sie den Umbau eines Weinlagers, ohne das gesondert in Rechnung zu stellen. Die Ausbauten sind Ende September beendet, die Gaststätte öffnet am 3. Oktober. Miete wird aber erst ab November berechnet.

All diese Maßnahmen bringen dem Wirt einen Vorteil von 48.000 EUR. Der Mietvertrag läuft über zehn Jahre, die gemietete Fläche beträgt 250 m². Rechnerisch hat der Wirt einen Vorteil von 200 EUR pro Monat, das entspricht 1,60 EUR/m².

5.2.9 Nettomieteinnahmen p. a. (Net Real Income – NRI)

Die Nettomieteinnahmen sind die Basis für eine Vielzahl anderer Kennziffern.

Berechnung:

Nettomieteinnahmen = vereinbarte monatliche Nettokaltmiete · 12

Die Nettomieteinnahmen sind also die vertraglich durch den Mieter zu leistenden Zahlungen abzüglich der Bewirtschaftungskosten.

! ACHTUNG

Bei der Vermietung von gewerblich genutzten Flächen wird im vereinbarten Mietzins ggf. ein Umsatzsteueranteil enthalten sein. Diese Umsatzsteuer ist nicht Bestandteil der Nettokaltmiete und muss von der Bruttomiete abgezogen werden.

Bei den Nettomieteinnahmen ist zu unterscheiden zwischen

- den tatsächlichen Nettomieteinnahmen. Diese beruhen auf den aktuell gültigen Mietverträgen. Damit wären die tatsächlichen Mieteinnahmen eine Ist-Größe, vergleichbar mit der „Passing Rent".
- den marktkonformen Nettomieteinnahmen. Das sind die Mieteinnahmen, die bei einer Neuvermietung zum heutigen Zeitpunkt am Markt erzielbar wären. Das wäre eine Soll-Größe, die unter normalen Bedingungen erreicht werden sollte. Sie würde damit der Größe „Estimated Rental Value" entsprechen.
- den nachhaltigen Nettomieteinnahmen. Diese Einnahmen lassen sich nachhaltig über den gesamten Lebenszyklus der Immobilie erzielen.

Zumeist werden unter Nettomieteinnahmen die hier genannten tatsächlichen Mieteinnahmen verstanden. Die Nettomieteinnahmen stellen die aktuelle Einnahmesituation aus der Immobilie dar. Sie allein lassen aber keinen Rückschluss auf die Wirtschaftlichkeit des Objektes zu. Dazu müssten die operativen Kosten für den Betrieb der Immobilie in die Betrachtung mit einbezogen werden.

● TIPP

Die Nettomieteinnahmen werden zumeist als Jahresmiete dargestellt. Ein monatlicher Ausweis oder ein Ausweis pro Quadratmeter — hier ist zumeist ein Monatszeitraum die Grundlage — sind ebenfalls möglich.

Nur wenn die Immobilie vollständig zu marktgerechten Preisen vermietet ist, entsprechen die Nettomieteinnahmen dem Estimated Rental Value (ERV). Dieser Zustand ist eher selten. Damit sind die Nettomieteinnahmen zumeist niedriger als der ERV. In gefragten Lagen und Gebieten, in denen ein Nachfrageüberschuss (und damit Flächenknappheit) herrscht, ist es aber auch möglich, dass der Estimated Rental Value zumindest zeitweise größer ist als die Nettomieteinnahmen.

5.2.10 Estimated Rental Value (ERV)

Der Estimated Rental Value ist/sind der geschätzte Mietwert/die geschätzten Mieteinnahmen.

Berechnung:

$$Estimated\ Rental\ Value\ p.a. = tatsächliche\ Nettomieteinnahmen$$
$$+ (leerstehende\ Fläche\ in\ m^2 \cdot Marktmiete \cdot 12)$$
$$- Overrent\ Nettomieteinnahmen$$
$$+ Underrent\ Nettomieteinnahmen$$

Der ERV ist eine klassische Sollgröße, die mit den praktisch erzielten Mieteinnahmen nur zufällig übereinstimmt. Die Nettomieteinnahmen werden korrigiert um fiktive Mieteinnahmen, die auf aktuell leerstehenden Flächen erzielt werden könnten. Weiterhin werden die tatsächlichen Mieteinnahmen um gegenüber den Marktmieten überhöhte oder zu geringe Mieteinnahmen korrigiert.

▶ **BEISPIEL: Overrent und Underrent**

Eine Immobiliengesellschaft hat ein Bürogebäude langfristig an eine Außenstelle einer UN-Organisation vermietet. Die jährlichen Mieteinnahmen betragen 2,4 Mio. EUR. Marktüblich wären aber nur 2,1 Mio. EUR. Selbstverständlich wird der Vermieter nicht freiwillig auf 300.000 EUR Mehreinnahmen im Jahr verzichten. Er weiß aber, dass diese 300.000 EUR eine sogenannte Overrent sind, die mieterabhängig und nicht nachhaltig zu erzielen ist.

In einem weiteren Gebäude der Gesellschaft ist eine Tochtergesellschaft eingemietet, die etwa 25.000 EUR weniger Miete zahlt, als am Markt üblich ist. (Ob das steuerlich und handelsrechtlich möglich ist, sei hier einmal außer Acht gelassen.) Diese 25.000 EUR wären eine Underrent, die bei einem anderen Mieter nicht vereinbart werden würde.

● TIPP

Kaum ein Mieter wird gern mehr als die marktübliche Miete zahlen. Andererseits müssen Mietverträge eingehalten werden. Demzufolge ist bei der Korrektur der Nettomieteinnahmen zu berücksichtigen, wie lange der Mietvertrag noch läuft und wann wahrscheinlich eine Anpassung erfolgen muss. Gleiches gilt auch für sehr günstige Mieten aus bestehenden Altmietverträgen. Von der allgemeinen Marktsituation hängt es ab, ob ggf. schon vor Auslaufen des Mietvertrages eine Anpassung erfolgen wird. Insgesamt ist es also schwierig, diese Anpassungen sinnvoll zu quantifizieren.

Die Kennzahl „Estimated Rental Value" gibt Hinweise darauf, wie hoch das Erhöhungspotenzial der Nettomieteinnahmen ist. Ob man dieses Potenzial auch ausnutzen kann, ist immer abhängig vom Einzelfall. Nicht eindeutig zu definieren ist die übliche Marktmiete, da diese auch von Objekt zu Objekt variiert. Ebenfalls unklar bleibt die zeitliche Dimension: Wann kann bzw. muss eine Anpassung an die Marktmiete erfolgen? Insofern ist diese Kennzahl nicht frei von Manipulationsmöglichkeiten.

6 Kennzahlen der Bewirtschaftung von Immobilien

Mit den Kennzahlen zur Beurteilung des Marktes kann ein Projektentwickler im Immobilienbereich die Chancen bestimmen, die ein geplantes Immobilienprojekt mit sich bringt. In dem nun folgenden Kapitel stehen Kennzahlen im Mittelpunkt, die ein bestehendes Immobilienportfolio kennzeichnen. Dabei handelt es sich in vielen Fällen um Wohnungsgesellschaften unterschiedlicher Eigentümerstrukturen. Das können beispielsweise sein:

- Kapitalgesellschaften (börsennotiert und international tätig oder auch regionale GmbHs)
- Wohnungsgenossenschaften
- Gesellschaften in kommunalem Eigentum

Aber auch Immobiliengesellschaften, die in Büro- und/oder Gewerbeimmobilien investieren, sind hier zu nennen.

Die Kennzahlen dieses Kapitels bilden immer die Situation zu einem bestimmten Zeitpunkt ab. Zumeist werden sie einmal im Jahr erhoben. Veränderungen dieser Kennzahlen sind laufend möglich und entstehen aus der Geschäftstätigkeit des Investors. Jeder Verkauf einer Immobilie, jede Neuinvestition kann diese Zahlen verändern. In diesem Zusammenhang ist entscheidend, welches Geschäftsmodell die Gesellschaften verfolgen.

6.1 Grundlegende Geschäftsmodelle

Man unterscheidet nach den Geschäftsmodellen

- Händler und
- Bestandshalter.

Beiden Geschäftsmodellen gemeinsam ist der Hauptgegenstand ihrer Tätigkeit, nämlich die Verwaltung und Bewirtschaftung von Immobilien im gewerblichen Maßstab. Unterschiede bestehen jedoch in den langfristigen Zielstellungen und damit auch in den konkreten Aktivitäten.

6.1.1 Händler

Vorrangiges Ziel dieser Gruppe von Vermietungsunternehmen ist das Erzielen von Rendite durch aktives Managen eines Immobilienbestandes. Das bedeutet, dass je nach aktueller Marktlage Portfolios aus Immobilien umstrukturiert werden und am Markt aktive Käufe und Verkäufe stattfinden. Hauptziel der Tätigkeit ist es, Wertzuwächse zu erzielen und diese nach gegebener Zeit zu realisieren. Das erfolgt durch den späteren Verkauf von ganzen Immobilienportfolios oder Teilen davon.

Eine damit verwandte Strategie besteht darin, die Wohnungsbestände zwar für einen bestimmten Zeitraum zu halten, in diesem Abschnitt aber bei minimalen Investitionen einen möglichst hohen Cashflow aus den Mieteinnahmen zu generieren und über Ausschüttungen den Eigentümern zugutekommen zu lassen. Für den späteren Weiterverkauf ist ein Preis nahe dem ursprünglichen Einstand geplant, die Rendite besteht in den zwischenzeitlichen Ausschüttungen.

Das längerfristige Halten im Bestand erfolgt dort, wo weitere Wertzuwächse zu erwarten sind. Dort, wo das nicht der Fall ist, wird die Weiterveräußerung präferiert. Auf diese Weise können auch historisch gewachsene Bestände auseinandergerissen werden. Der Zeithorizont der Bewertung des Investments ist eher kurzfristig orientiert, was bei Immobilien etwa fünf bis maximal zehn Jahren entspricht.

6.1.2 Bestandshalter

Hier steht die Nachhaltigkeit des Investments eindeutig im Fokus. Die vorhandenen Bestände werden, auch zulasten einer anderweitig möglichen höheren Rendite, langfristig entwickelt. Fortwährende Investitionen und Instandhaltungsmaßnahmen sorgen für einen bleibenden Werterhalt, Modernisierungen für Wertzuwachs. Hauptziel dieser Unternehmen ist es, über einen sehr langen Zeithorizont das Vermögen der Gesellschaft zu erhalten und zu mehren.

Unter pragmatischen Aspekten könnte man als klassische Bestandshalter Gesellschaften definieren, die

- Bestände an eigenen Objekten unter gewerblichen Gesichtspunkten bewirtschaften und
- deren jährliche Zu- bzw. Abgänge an Wohnungen durch Kauf oder Verkauf im Durchschnitt der letzten zehn Jahre weniger als 10 % des Gesamtbestandes ausmachen.

Diese hier skizzierten inhaltlichen Abgrenzungen bedeuten jedoch nicht, dass es keinerlei Überschneidungen gebe. „Händler" werden immer dann, wenn das im Sinne der Renditeentwicklung sinnvoll erscheint, Bestände auch längerfristig behalten und bewirtschaften. Andererseits werden auch die „Bestandshalter" dort, wo es legitim erscheint, Investitionen zur Arrondierung des Portfolios tätigen oder Wohngebäude veräußern, wenn das wirtschaftlich sinnvoll ist. Zu denken wäre hier beispielsweise an das Veräußern von kleineren Beständen, die räumlich vom eigentlichen Zentrum der Tätigkeit weiter entfernt sind und so das Bewirtschaften zusätzlich verteuern (z. B. durch überproportional lange Anfahrtswege). Bedeutsam für die hier vorgenommene Unterscheidung der Geschäftsmodelle ist letztlich, in welchem der beiden hier umrissenen Felder der inhaltliche Mittelpunkt der Tätigkeit liegt.

6.2 Beurteilung des Portfolios mit Kennzahlen

6.2.1 Durchschnittsalter des Portfolios

Berechnung:

$$Durchschnittsalter = \frac{\sum_{i=1}^{n} Alter_i}{n} \left(in\, Jahren \right)$$

i = Einzelimmobilie
n = Anzahl der Immobilien im Portfolio

Es handelt sich also um eine ungewichtete Durchschnittsgröße — jede einzelne Immobilie geht mit der gleichen Wichtung in die Berechnung ein. Das macht die Interpretation problematisch, wenn es sich um unterschiedliche Immobilienarten mit unterschiedlichen normalen Nutzungsdauern handelt. In solchen Fällen behilft man sich, indem man die Durchschnittsalter von nutzungsspezifischen Teilportfolios bestimmt.

▶ **BEISPIEL: Unterschiedliche Nutzungsdauern**

Als übliche Nutzungsdauer einer neu errichteten Immobilie werden angenommen:

Landwirtschaftliche Mehrzweckhallen	40 Jahre
Bürogebäude in einfacher Bauart (Typenbau)	40-50 Jahre
Gewerbeobjekte (Lager- oder Produktionshallen)	50-60 Jahre
Geschäftshäuser und Ladenlokale in Massivbauweise	60-80 Jahre
Wohnhäuser	70-80 Jahre
Hochwertige Einfamilienhäuser	80-100 Jahre

Allein die im obigen Beispiel genannten Spannen machen es deutlich: Die Nutzungsdauer von Immobilien ist abhängig von verschiedenen Faktoren, wie

- der Bauweise,
- der Art der Nutzung und
- dem Ausstattungsstandard

und lässt sich nicht eindeutig im Voraus bestimmen.

● **TIPP**

Lässt sich die durchschnittliche wirtschaftliche Gesamtnutzungsdauer zu Beginn der Nutzung anhand der obigen Richtwerte noch mit hinreichender Genauigkeit einschätzen, differieren die Restnutzungsdauern von gleichartigen Gebäuden, die auch im gleichen Jahr errichtet wurden, mit zunehmendem Alter. Der Grund liegt in unterschiedlichen Instandhaltungs- und Modernisierungsmaßnahmen während der bisherigen Nutzung.

Bei alten, aber kernsanierten Immobilien wird oft ein fiktives (jüngeres) Baujahr unterstellt, um dem aktuellen Sanierungsstand gerecht zu werden. Dazu wird ein Scoring-System verwendet, in dem wesentliche Modernisierungsmaßnahmen und das Jahr ihrer Durchführung berücksichtigt werden.

Dabei werden üblicherweise Modernisierungen in den letzten 15 Jahren berücksichtigt, die z. B. folgende Elemente betreffen:

- Sanierung des Treppenhauses
- Restaurierung der Fassade
- Einbau von isolierverglasten Fenstern
- Sanierung der Leitungsstränge (Wasser, Abwasser, Heizung)
- Einbau einer modernen Heizanlage
- Wärmedämmung der Außenwände
- Einbau bzw. Modernisierung von Bädern/WC
- wesentliche Änderung und Verbesserung der Grundrissgestaltung
- Erneuerung der Dacheindeckung

Das Durchschnittsalter des (Teil-)Portfolios ist ein Indikator für eventuell anstehende Sanierungsmaßnahmen und gibt weiterhin Auskunft über den Wert und damit mögliche Preis des Portfolios. Je niedriger das Durchschnittsalter, desto mehr kommt der aktuelle Zustand und die Ausstattung der Immobilien den Anforderungen der Nutzer entgegen.

! **ACHTUNG**

Ein Durchschnitt sagt nichts über die in die Berechnung einbezogenen Einzelimmobilien aus. So kann es ohne Weiteres vorkommen, dass ein Portfolio mit niedrigem Durchschnittsalter einige Immobilien enthält, deren Restnutzungsdauer gegen null geht und die demzufolge entweder grundhaft saniert oder abgerissen werden müssen.

Für sich allein genommen ist das Durchschnittsalter eines Portfolios wenig aussagekräftig. Es sollte immer im Zusammenhang mit anderen Kennzahlen, bspw. mit den durchschnittlichen Sanierungsaufwendungen/m², gesehen werden.

6.2.2 Portfoliobezogene Leerstandsquote

Ebenso wie für den Gesamtmarkt kann man die Leerstandsquote auch auf ein Immobilienportfolio oder sogar auf ein Einzelobjekt mit mehreren Mieteinheiten beziehen.

Berechnung:

$$Leerstandsquote\,des\,Portfolios = \frac{Mietansatz\,des\,Leerstandes}{Jahresnettomiete\,(Soll)} \cdot 100$$

Die Leerstandsquote zeigt den prozentualen Anteil der fehlenden Mieteinnahmen aus nicht vermieteten Flächen bezogen auf die gesamte Jahresnettomiete des betrachteten Portfolios.

Für einen Immobilieninvestor steht wahrscheinlich der Ertragswert im Mittelpunkt des Interesses. Deshalb wird ihn der durch Leerstand entstehende Ertragsausfall am meisten interessieren — der Ansatz über die Miete ist somit sinnvoll. Es gibt aber auch andere Ansätze:

- Leerstandsquote bezogen auf die Nutzfläche oder
- Leerstandsquote bezogen auf Mieteinheiten.

Die Berechnungsformeln wären:

$$Nutzflächenbezogene\,Leerstandsquote = \frac{nicht\,vermietete\,Fläche\,in\,m^2}{Gesamtnutzfläche\,in\,m^2} \cdot 100$$

$$Quote\,leerstehender\,Wohneinheiten = \frac{nicht\,vermietete\,Wohneinheiten}{Gesamtzahl\,der\,Wohneinheiten} \cdot 100$$

Handelt es sich nicht um Wohnungen, sondern um Gewerbe- bzw. Büroflächen, kann man selbstverständlich auch diese Mieteinheiten als Basis verwenden.

● TIPP

Auch wenn die grundsätzliche Aussage die gleiche ist, können sich die so bestimmten Leerstandsquoten deutlich unterscheiden.

Das Problem eines hohen Leerstandes ist offensichtlich: Die entsprechenden Nutzflächen erbringen keine Mieteinnahmen, verursachen allerdings trotzdem Fixkosten. Solche Fixkosten können sein:

- anteilige Finanzierungskosten (Das gesamte Objekt wurde gekauft und finanziert.)
- Grundsteuer
- Anteile an den Hausbewirtschaftungskosten wie Treppenlicht, Reinigung usw.
- Verwaltungskosten
- Kosten für die Pflege von Außenanlagen usw.

Bewirtschaftungskosten (allerdings nicht die Finanzierungskosten) werden in der Regel flächenbezogen oder bezogen auf die einzelne Mieteinheit auf die Mieter umgelegt. Sind für bestimmte Flächen keine Mieter vorhanden, muss der Immobilieneigentümer diese Anteile übernehmen.

▶ BEISPIEL: Umlage von Bewirtschaftungskosten

Ein Mehrfamilienhaus hat 18 Wohneinheiten mit insgesamt 1.650 m² Wohnfläche. Drei Wohnungen stehen leer, sie haben insgesamt 250 m² Wohnfläche. Die nutzflächenbezogene Leerstandsquote beträgt demnach rund 15 %. Monatlich fallen 450 EUR für Hausreinigung und Pflege der Außenanlagen an. Diese werden anhand der Wohneinheiten verteilt, es entstehen pro Wohneinheit und Monat demnach 25 EUR Kosten. 75 EUR pro Monat (für die leerstehenden Wohnungen) muss der Eigentümer tragen. Es ist nicht gestattet, diese Kosten auf die verbliebenen Mieter umzulegen.

Etwas anders sieht die Situation bei den Finanzierungskosten aus. Diese lassen sich nicht als Bewirtschaftungskosten auf die Mieter umlegen. Allerdings wird ein vernünftig kalkulierender Investor den Zinsaufwand in den erforderlichen Mietpreis einrechnen.

Nehmen wir an, die Kaltmiete im obigen Beispiel beträgt 11 EUR/m². Weiterhin soll gelten:

Finanzierungsumfang für das Gesamtobjekt: 3.300.000 EUR
Zinsaufwand (3 %): 99.000 EUR p. a.
monatliche Zinsen pro m² Mietfläche: 5 EUR pro Monat

Im vollvermieteten Zustand entstehen jährliche Mieteinnahmen in Höhe von 217.800 EUR. Damit bleibt ein Deckungsbeitrag von 118.800 EUR im Jahr (217.800 EUR - 99.000 EUR). Durch den Leerstand reduziert sich der Deckungsbeitrag auf 85.800 EUR.

Das heißt: Auf die leerstehende Fläche von 250 m² werden im Monat 1.250 EUR Zinsen kalkuliert, denen keine Einnahmen gegenüberstehen.

> **ACHTUNG**
>
> Eine hohe Leerstandsquote kann existenzbedrohlich werden! Als Erfahrungswert gilt eine Leerstandsquote von mehr als 10 % als hoch und damit gefährlich für die weitere Existenz des Unternehmens.

Die pauschale Betrachtung des Leerstandes, wie wir sie bis hierher vorgenommen haben, ist jedoch nicht ausreichend. Für eine Interpretation ist relevant, worin der Leerstand begründet ist. Wichtige Hintergründe können sein:

- Struktureller Leerstand — Hierbei handelt es sich um Leerstände, die langfristig anhalten. Die Gründe dafür können vielfältig sein. Denkbar sind u. a.:
  - qualitative Mängel der Immobilien im Portfolio, wie schlechte Lagen, ungünstige Zuschnitte usw.
  - überhöhte Preisvorstellungen der Eigentümer, die am Mietmarkt nicht durchzusetzen sind
  - demografische Veränderungen, die zu einer sinkenden Nachfrage geführt haben (Bevölkerungsrückgang in der Region, zunehmendes Durchschnittsalter der Mieter mit dadurch veränderten Anforderungen)

- konjunkturelle Schwankungen, die zu einem Rückgang der Nachfrage nach Gewerbeimmobilien geführt haben
- Abwanderung von größeren Unternehmen, die bisher Immobilien aus dem Portfolio genutzt haben
Struktureller Leerstand erstreckt sich über längere Zeiträume. In vielen Immobilienunternehmen wird als Grenze eine Dauer des Leerstandes von drei, manchmal auch von sechs Monaten angenommen.
- Sanierungsbedingter Leerstand — Wie es der Name sagt, hängt dieser Leerstand mit (in der Regel planmäßigen) Sanierungs- und Umbauarbeiten zusammen. Auch hier erstreckt sich die Dauer des Leerstandes zumeist über mehrere Monate bis zu mehr als einem Jahr. Der Unterschied zum strukturellen Leerstand besteht vor allem darin, dass sanierungsbedingter Leerstand einerseits planbar ist und andererseits dazu dient, die Immobilien langfristig für die weitere Vermietung attraktiv zu gestalten.
- Kurzfristiger Leerstand — Dieser entsteht bspw. beim Mieterwechsel. Eine Wohnung wird nach Auszug des Vormieters in fast allen Fällen nicht innerhalb weniger Tage neu bezogen. Fast immer ist ein Mieterwechsel mit Renovierungsarbeiten verbunden, die zumeist einige Tage oder Wochen dauern. Danach erfolgt dann die Neuvermietung.

▶ **BEISPIEL: Mieterwechsel**

In einer Genossenschaftswohnung wohnt Herr R. Als junges Paar ist er gemeinsam mit seiner Frau eingezogen, in der Wohnung wuchsen die Kinder der Familie R. auf. Inzwischen sind die Kinder beruflich in andere Bundesländer verzogen und im letzten Jahr starb Frau R. hochbetagt. Nun entschließt sich Herr R., nach fast 50 Jahren in der gleichen Wohnung in ein Objekt mit betreutem Wohnen umzuziehen.
Trotz aller Pflege ist die Wohnung an neue Mieter kaum zu vermieten. Abgesehen von den standardmäßigen Malerarbeiten gibt es viele Dinge, die die Entwicklungen der letzten Jahre nicht mitgemacht haben. Bad, Küche und andere Bereiche entsprechen in ihrer Ausstattung dem Stand vor Jahrzehnten, auch wenn alles noch funktionstüchtig ist. Die Renovierungs- und Umbauarbeiten dauern etwa einen Monat, in der die Wohnung nicht vermietet ist.

Leerstandsquote bei Wohnungsgesellschaften

Wohnungsgesellschaften berechnen ihre Leerstandsquote zumeist auf der Basis von Wohnungseinheiten, unabhängig von ihrer Größe. Diese Vorgehensweise ist insofern logisch, als bei Wohnungsgesellschaften oft die Miethöhen nur wenig differieren und bei einem großen Bestand an Wohnungen (oft mehrere Tausend) die Wohnungsgröße kaum zu gravierenden Veränderungen führt.

Leerstandsquote von Einzelobjekten

Wenn eine Immobilie in mehrere vermietbare Einheiten aufgeteilt wird, kann man auch die Leerstandsquote eines einzelnen Objektes berechnen. Sinnvoll ist das jedoch nur, wenn es sich um eine größere Zahl einzelner Mieteinheiten im Objekt handelt. Die Leerstandsquote von Einzelobjekten wird zumeist nach der o. g. Methode der Mieteinnahmen berechnet. Ein dauerhaft hoher struktureller Leerstand eines Einzelobjektes deutet auf mangelnde Attraktivität der Immobilie hin.

Durchschnittlicher Leerstand oder Stichtagswert?

Grundsätzlich kann man sowohl durchschnittliche als auch Stichtagswerte ermitteln. Der Durchschnitt des letzten Geschäftsjahres macht die wirtschaftlichen Auswirkungen auf die Daten des Jahresabschlusses deutlich. Andererseits können Durchschnitte stark verzerren. Ein stichtagsbezogener Leerstand von z. B. 8 % zum Jahresende ist deutlich alarmierender als ein durchschnittlicher Leerstand von 3,5 %. Der Stichtagswert macht Handlungsbedarf deutlich.

Die sinnvollsten Aussagen entstehen durch die Kombination von beiden Berechnungsweisen. So kann man einerseits auf stichtagsbestimmte Spitzen hinweisen, andererseits aber auch negative Entwicklungen schneller erkennen als bei einer reinen Durchschnittsbetrachtung.

> **!** **ACHTUNG**
>
> Bei der Betrachtung der Leerstandsquote sind immer auch andere Kennzahlen ins Kalkül zu ziehen. Das betrifft z. B. die Qualität der betroffenen Flächen und die Schwankungen und Entwicklungen im Laufe des Jahres.

6.2.3 Sanierungsgrad

Berechnung:

$$Sanierungsgrad\ (in\ Prozent) = \frac{aktueller\ Zustand}{Neuzustand} \cdot 100$$

Der Zustand wird dabei anhand zu definierender Kriterien festgestellt. Ein Problem besteht darin, dass diese Kriterien nicht verbindlich definiert sind und somit die Werte des Sanierungsgrades zwischen verschiedenen Investoren nicht eindeutig vergleichbar sind.

Der Sanierungsgrad wird in zwei Stufen erhoben:

- Sanierungsgrad eines einzelnen Bauwerks
- Sanierungsgrad eines Immobilienportfolios

Der Sanierungsgrad des Portfolios baut auf dem Sanierungsgrad der einzelnen Bauwerke auf, die das Portfolio bilden.

Sanierungsgrad des Bauwerks

Bestimmung des Sanierungsgrades:

Der Sanierungsgrad eines einzelnen Bauwerks wird eingeschätzt (externe Baugutachter, Einschätzung durch interne Fachleute) und zumeist folgenden Sanierungsständen zugeordnet:

Beschreibung	Bewertung
Ruine, nicht nutzbar	0
Schlechter Zustand aller Gewerke (Dach, Fassade, technische Gebäudeausstattung …)	20
Schlechter Zustand einiger Gewerke	40
Teilsaniert, Bausubstanz in mäßigem Zustand	60
Komplettsanierung in den letzten 10 Jahren, Substanz in gutem Zustand	80
Neubau oder Komplettsanierung in den letzten 3 Jahren	100

TIPP

Es gibt keine verbindliche einheitliche Bewertung bei der Ermittlung des Sanierungsgrades eines Gebäudes. Die obige Tabelle ist damit nur ein Anhaltswert. Der Sanierungsgrad drückt in etwa aus, wie viel Prozent der Gesamtnutzungsdauer (oder Lebensdauer) noch vor der Immobilie liegen, wenn keine wertsteigernden Maßnahmen vorgenommen werden.

BEISPIEL: Sanierungsgrad und Lebensdauer

Wenn man von einer Gesamtlebensdauer bei einer bestimmten Immobilie von 60 Jahren ausgeht und ein Sanierungsgrad von 40 % eingeschätzt wird, heißt das: Die tatsächliche Restlebensdauer der Immobilie beträgt noch 40 % von 60 Jahren, also 24 Jahre. Das gilt unter der Voraussetzung, dass der Sanierungszustand nicht durch werterhöhende Maßnahmen angehoben wird.

Damit drückt der Sanierungsgrad den aktuellen Zustand eines Gebäudes im Verhältnis zum Zustand eines vergleichbaren neuen Gebäudes aus.

Anhand des Sanierungsgrades einzelner Gebäude kann ein Investor abschätzen, welcher Sanierungsaufwand bei diesem speziellen Gebäude in den kommenden Jahren zu erwarten ist. Die Entscheidung, ob er das Gebäude saniert oder mit dem Erreichen eines Zustandes, der keine sinnvolle Nutzung mehr zulässt, abreißt, orientiert sich u. a. an den mit diesen beiden Varianten verbundenen Kosten. Darüber hinaus werden folgende Überlegungen ins Kalkül einbezogen:

- Ausfall von Mieteinnahmen bei sich verschlechterndem Sanierungsgrad (niedrigere Miete pro Quadratmeter, bei schlechtem Allgemeinzustand zunehmende Probleme, Neu- bzw. Nachmieter zu finden)
- Kosten für einen Ersatzneubau
- Vermietbarkeit
- Erwartete Einnahmen bei einem Ersatzneubau
- strategische Erwägungen zur Gestaltung des Gesamtportfolios.

Sanierungsgrad des Immobilienportfolios

Der Sanierungsgrad eines Gesamtportfolios ergibt sich aus den mit der jeweiligen Anzahl der Wohneinheiten gewichteten Sanierungsgraden der Einzelobjekte.

$$Sanierungsgrad\ des\ Portfolios = \frac{\sum WE_i \cdot Sanierungsgrad_i}{\sum WE} \cdot 100$$

WE_i = Anzahl der Wohneinheiten im Sanierungsgrad i

Der Sanierungsgrad bemisst sich nach der obigen Tabelle, wobei bspw. ein Sanierungsgrad von 60 % (teilsaniert) einem Faktor von 0,6 entspricht.

Der Sanierungsgrad eines Immobilienportfolios ist also der gewogene Durchschnitt der Sanierungsgrade der Einzelobjekte. Üblicherweise wird als Maßstab die Wohneinheit genommen, unabhängig von ihrer Größe. Genauso möglich wäre aber auch die Quadratmeterzahl im jeweiligen Sanierungszustand.

Was sagt der Sanierungsgrad eines Portfolios nun aus? Ein Sanierungsgrad von 100 % bedeutet, dass das gesamte Portfolio aus Neubauten oder aus Objekten besteht, die in den letzten drei Jahren grundhaft saniert worden sind. Ein solcher Zustand lässt erwarten, dass mittelfristig kaum Instandhaltungsmaßnahmen erforderlich sein werden, die über Kleinreparaturen hinausgehen. Sind die Rücklagen für künftige Instandhaltungen in den Mieten eingepreist[25], wird der operative Cashflow des Unternehmens relativ hoch sein.

Bei einem durchschnittlichen Sanierungsgrad des Portfolios unter 50 % ist verstärkt mit Aufwendungen für die Sanierung und entsprechenden Mittelabflüssen zu rechnen.

● TIPP

Sanierungsgrad und Wert (Preis) eines Immobilienportfolios: Je höher der Sanierungsgrad, desto weniger Aufwand ist in den nächsten Jahren erforderlich, um die Objekte instand zu halten. Außerdem sind bei einem gut „durchsanierten" Bestand höhere Durchschnittsmieten zu erwarten. Demzufolge wird der erzielbare Preis für das Portfolio oder eines repräsentativen Teiles von ihm auch höher sein.

! ACHTUNG

Der durchschnittliche Sanierungsgrad gibt keine verlässliche Auskunft darüber, wie der Zustand der Einzelobjekte ist. So können einige wenige, aber kaum noch bewohnbare Objekte den Durchschnitt nach unten drücken. Bei der Frage, ob und zu welchem Preis ein Immobilienportfolio erworben werden soll, ist immer eine tiefer gehende Analyse erforderlich.

6.2.4 Instandhaltung/Instandhaltungsquote

Berechnung:

$$Instandhaltungsquote = \frac{Instandhaltungskosten\ p.a.}{Ist\ -\ Jahresnettomiete} \cdot 100$$

Die Instandhaltungsquote drückt den Anteil der Verwendung der Mieteinnahmen für Instandhaltung aus. Dabei ist relevant, was unter „Instandhaltung" zu verstehen ist.

---

[25] Ob sich der Preis am Mietmarkt auch tatsächlich erzielen lässt, ist eine andere Frage und wird hier nicht gesondert betrachtet.

TIPP

Auch wenn „Instandhaltung" und „Instandsetzung" ähnlich klingen — und leider auch nicht immer exakt abzugrenzen sind —, sind beide nicht identisch.

Instandhaltung ist definiert als der Aufwand, der erforderlich ist, um das Wirtschaftsgut — also die Immobilie — zu erhalten, und umfasst damit die laufende und wiederkehrende Pflege.

Instandhaltung dient also der Aufrechterhaltung des ursprünglichen Zustandes durch pflegende, erhaltende und vorsorgende Maßnahmen.

Sie hat damit eindeutig vorbeugenden Charakter. Durch vorausschauende Instandhaltung wird der Wert einer Immobilie nachhaltig gesichert. Unter dem Begriff „Instandhaltung" werden nach DIN 31051[26] folgende Maßnahmen subsumiert:

- Wartung
- Inspektion
- Instandsetzung
- Schwachstellenbeseitigung/Verbesserung

Die Wartung umfasst demnach alle Maßnahmen, die den „Abbau des vorhandenen Abnutzungsvorrats" verzögern. Mit der Inspektion werden Maßnahmen ergriffen, die einerseits den Istzustand des betrachteten Objekts erfassen und andererseits die Ursachen für den aktuellen Zustand untersuchen. Die Instandsetzung umfasst schließlich die Maßnahmen, die das Objekt wieder in einen funktionsfähigen Zustand bringen.

Mithilfe der Schwachstellenbeseitigung/Verbesserung wird die Funktionssicherheit des Objektes gesteigert, allerdings ohne die ursprüngliche Funktion zu ändern.

---

[26] DIN 31051 Grundlagen der Instandhaltung, 2012

Bezogen auf Immobilien bedeutet Instandhaltung, dass die Funktion der Anlage erhalten und unnötige Folgeschäden vermieden werden.

> **BEISPIEL: Instandhaltungsmaßnahmen**
>
> Unter „Instandhaltungsmaßnahmen" versteht man beispielsweise:
> - kleine Handwerkerleistungen, die vor allem der Ausbesserung oder der Reparatur dienen
> - Erhalt von Anschlussleitungen
> - Ersatz und Ergänzung unbrauchbar gewordener Teile des Objektes
> - Beseitigung von Ungeziefer
> - Reinigung
> - Beseitigung von Undichtigkeiten
> - Anpassung an neue baurechtliche Anforderungen

Die Instandhaltungsquote sollte vor allem im Zeitablauf einem Vergleich unterzogen werden. Generell nehmen die erforderlichen Instandhaltungsaufwendungen im Laufe der Nutzung einer Immobilie zu. Allerdings erfolgt diese Entwicklung nicht gleichmäßig, da z. B. die technischen Einrichtungen eines Hauses eine bestimmte Lebensdauer haben, bevor ein Ersatz erforderlich wird. Insbesondere bei Immobilienportfolios, die innerhalb einer kurzen Zeitspanne entstanden sind, häufen sich in bestimmten Jahren die Instandhaltungsaufwendungen.

> **BEISPIEL: Sanierung von Leitungssträngen**
>
> Die Wohnungsgenossenschaft A in den neuen Bundesländern verfügt über einige Tausend Wohneinheiten. Diese sind im Rahmen der Wohnungsbaupolitik der damaligen DDR in den 1980er-Jahren als sogenannte Plattenbauten errichtet worden. Nach etwa 30-35 Jahren haben die Leitungen für Wasser und Abwasser ihre Grenzlebensdauer erreicht. Die Wohnungsgenossenschaft muss innerhalb weniger Jahre die Leitungsstränge instand setzen, was innerhalb eines kurzen Zeitraums zu erheblichen Instandhaltungsaufwendungen führt.

Die Instandhaltungsquote kann also im Zeitablauf sehr starken Schwankungen unterworfen sein. Eine sinnvolle Aussage ergibt sich nur, wenn man lange Zeiträume (mehr als zehn Jahre) betrachtet und analysiert, wie die Bestände instand gehalten werden. Eine im Vergleich zu den Mitbewerbern anhaltend zu geringe Instandhaltungsquote lässt darauf schließen, dass die Immobilien nicht die erforderliche Pflege zur Werterhaltung erfahren.

Der Instandhaltungsaufwand gehört im Normalfall zu den grundlegenden Pflichten eines Vermieters. Die Mietsache muss in einem ordnungsgemäßen und nutzungsfähigen Zustand erhalten bleiben. Der Aufwand dafür ist mit dem Mietpreis abgegolten und kann nicht auf die Mieter abgewälzt werden.

> **TIPP**
>
> Werden umfassende Wartungsverträge abgeschlossen, kann der daraus entstehende Aufwand im Rahmen der Betriebskostenabrechnung auf die Mieter abgewälzt werden. Diese Möglichkeit muss aber bereits im Mietvertrag geregelt werden.

Bei größeren Sanierungsmaßnahmen entsteht immer wieder die Frage, welche Kostenbestandteile aktiviert werden (müssen). Aktivierung bedeutet, dass das Ergebnis der Sanierung, z. B. neue Balkone, als Anlagevermögen in die Bilanz aufgenommen und über die betriebsgewöhnliche Nutzungsdauer abgeschrieben wird. Die Regeln für die Aktivierung lassen immer wieder Interpretationsspielraum zu.

> **ACHTUNG**
>
> Je weniger Objekte aktiviert werden, desto höher wird die Instandhaltungsquote.

6.2.5 Instandsetzung/Instandsetzungsquote

Berechnung:

$$Instandsetzungsquote = \frac{Instandsetzungskosten\ p.a.}{Ist - Jahresnettomiete} \cdot 100$$

Die Instandsetzungsquote ist der prozentuale Anteil der jährlichen Instandsetzungskosten an der Jahresnettomiete. Oder anders ausgedrückt: Wie viel Cent jedes Euros der Miete fließen in die Instandsetzung?

Instandsetzung ist nach DIN 31051 ein Teil der Instandhaltung. Sie hat aber weniger den vorbeugenden Charakter der Instandhaltung, sondern dient dem Ersatz unbrauchbarer oder verschlissener Teile oder der Behebung baulicher Mängel. Instandsetzungskosten sind grundsätzlich nicht auf den Mieter umlegbar.

> ▶ **BEISPIEL: Instandsetzungskosten**
>
> Der Vermieter R tauscht in einem Teil seines Bestandes alte, inzwischen verfaulte Fenster gegen neue Fenster aus. Heizkessel und -brenner in Haus Nr. 25 werden erneuert.

Auch die Instandsetzungsquote kann im Zeitablauf stark schwanken. Eine Betrachtung ist also nur über längere Zeiträume sinnvoll.

Von der Instandsetzung zu unterscheiden (vor allem unter mietrechtlichen Gesichtspunkten) ist die Modernisierung. In der praktischen Durchführung ist die Zuordnung oder Aufteilung einzelner Maßnahmen auf die beiden Pakete „Instandsetzung" und „Modernisierung" oft Gegenstand von juristischen Auseinandersetzungen zwischen Mieter und Vermieter.

Die Auswertung der Instandsetzungsquote lässt Rückschlüsse auf den künftigen Investitionsbedarf innerhalb eines Immobilienportfolios zu. Jedoch sind immer auch andere Erkenntnisse einzubeziehen, z. B. über das Alter des Portfolios.

6.2.6 Modernisierungskosten

Berechnung:

Modernisierungkosten = Gesamtaufwand für die Modernisierungsmaßnahme – Instandsetzungskosten

Die Modernisierungskosten sind eine Absolutgröße, angegeben in Euro. Sie haben vor allem mietrechtliche Bedeutung, da der Aufwand für eine Modernisierungsmaßnahme in Form einer Umlage der Miete zugeschlagen werden kann.[27] Die gesetzliche Grenze liegt bei jährlich 11 % der für die Wohnung aufgewendeten Kosten. Um die Mieterhöhung wirksam werden zu lassen, sind eine Reihe von Voraussetzungen zu erfüllen. Dazu gehören u. a.

- ein nachvollziehbar errechneter Betrag der Erhöhung,
- der Ausweis der Gesamtkosten,
- die Aufschlüsselung der Kosten für die einzelnen Maßnahmen und
- ein Verteilerschlüssel, wenn mehrere Wohnungen von der Maßnahme erfasst worden sind.

Vom Gesamtaufwand abgezogen werden müssen die Kostenanteile für Instandsetzungsmaßnahmen. Da dies nicht immer exakt möglich ist, erlaubt der Gesetzgeber in diesem Fall auch eine nachvollziehbare Schätzung.

BEISPIEL: Trennung von Instandsetzungskosten und umlagefähigen Kosten einer Modernisierungsmaßnahme

Vermieter R ersetzt in einer ihm gehörenden Wohnanlage die Fenster. Die alten Fenster waren verschlissen. Dabei lässt er Fenster einer höheren Wärmedämmklasse einbauen, die darüber hinaus auch einen besseren Lärmschutz bieten.
Die Gesamtkosten der Maßnahme belaufen sich auf 120.000 EUR. Da funktionsfähige Fenster zur Mietsache gehören, kann der Vermieter nicht die gesamten Kosten in Form der Modernisierungsumlage auf die Miete aufschlagen, sondern lediglich den Teil, der die baulichen Veränderungen betrifft, die den Wohnwert erhöhen bzw. eine nachhaltige Energieeinsparung bewirken.
Normale isolierverglaste Fenster hätten etwa 90.000 EUR gekostet. Dieser Betrag ist von der Gesamtsumme abzuziehen, sodass für die Modernisierung ein Anteil von 30.000 EUR übrigbleibt.
11 % dieser Summe lassen sich jährlich auf die Miete aufschlagen, das sind 3.300 EUR p. a. bzw. 275 EUR im Monat. Dieser Betrag muss nun sinnvoll auf die betroffenen Wohnungen aufgeteilt werden, z. B. nach der Anzahl der ausgewechselten Fenster in den einzelnen Wohnungen.

---

[27] Bürgerliches Gesetzbuch (BGB), §§ 559, 559a und 559b

Bei der Beurteilung der Modernisierungskosten eines Immobilienportfolios ist u. a. relevant:

- Welche Modernisierungsumlagen wurden in den letzten Jahren bereits geltend gemacht? Zwar entfällt bei Modernisierungsumlagen definitiv die Kappungsgrenze für Mieterhöhungen, jedoch wird der Spielraum bei künftig ins Auge gefassten Modernisierungsumlagen geringer, da der Mietpreis ggf. am Markt nicht mehr durchzusetzen wäre.
- In der Vergangenheit in hohem Maße geltend gemachte Modernisierungsumlagen deuten auf einen guten Modernisierungsstand hin, sodass die Aufwendungen zur Sanierung des Bestandes in naher Zukunft geringer ausfallen werden.

6.2.7 Bewirtschaftungskosten

Die Bewirtschaftungskosten entstehen nachhaltig und bei gewöhnlicher Bewirtschaftung. Einmalige und nicht mit der Bewirtschaftung in Zusammenhang stehende Kosten werden nicht berücksichtigt.

Zu den Bewirtschaftungskosten gehören

- die Abschreibungen,
- die Betriebskosten,
- die Instandhaltungskosten,
- die Verwaltungskosten,
- das Mietausfallwagnis.

Die Betriebskosten können auf den Mieter umgelegt werden.

TIPP

Die Beschränkung auf die Betriebskosten gilt nur bei der Vermietung von Wohnungen. Bei Gewerbemietverträgen können grundsätzlich alle Bewirtschaftungskosten mit Ausnahme der Instandhaltungskosten auf die Gewerbemiete umgelegt werden.

Ein Teil der nicht umlagefähigen Bewirtschaftungskosten kann durch den Vermieter im Rahmen der Steuererklärung als „sonstige Werbungskosten" geltend gemacht werden.

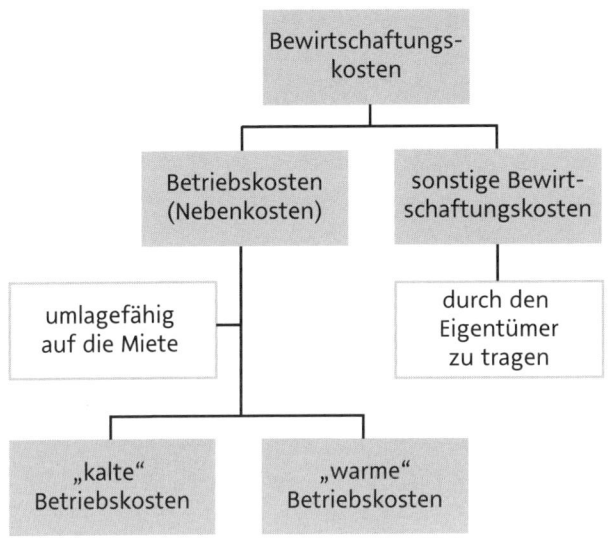

Abb. 4: Aufteilung der Bewirtschaftungskosten

6.2.8 Betriebskosten/Nebenkosten

Betriebskosten (oft auch als „Nebenkosten" bezeichnet) fallen beim Eigentümer des Grundstücks an. Sie entstehen laufend und sind im Eigentum an dem Grundstück begründet.

Die gesetzliche Definition[28] legt damit eindeutig fest, dass einmalige Kosten keine Betriebskosten sein können. Nicht zu den Betriebskosten gehören die Verwaltungskosten und die Kosten, die während der Nutzung zur Erhaltung

---

[28] vgl. Betriebskostenverordnung, 2003, § 1

des bestimmungsgemäßen Gebrauchs aufgewendet werden müssen (Instandhaltungs- und Instandsetzungskosten).

In § 2 der Betriebskostenverordnung findet sich eine (nicht abschließende) Liste der wichtigsten Betriebskosten. Sie umfasst u. a.

- laufende öffentliche Lasten des Grundstücks,
- Wartungskosten für Aufzüge, Heizung usw.,
- Kosten der Wasser- und Energieversorgung,
- Gartenpflege,
- Reinigung von Gebäude und Straße sowie
- Sach- und Haftpflichtversicherungen.

Die Betriebskosten sind somit Teil der Bewirtschaftungskosten, und zwar der Teil, der durch den Mieter zu erstatten ist.

Die Höhe und die Zusammensetzung der Betriebskosten lassen Schlüsse auf die Qualität des Gebäudes und seiner Substanz zu. Potenziale zur Kostensenkung (und damit zur Wertsteigerung der Immobilie) sind erkennbar. Allerdings kann die Höhe der Betriebskosten im Zeitablauf stark schwanken.

BEISPIEL: Schwankung der Betriebskosten

Zu den Betriebskosten gehören auch die Kosten der Heizung. Abschreibungen und Wartungskosten bleiben i. d. R. konstant. In Abhängigkeit von der Witterung — man denke nur an einen langen und kalten Winter — kann aber der Verbrauch des Heizmediums (Gas, Fernwärme) starken Schwankungen unterliegen.

Die Unterteilung in „kalte" und „warme" Betriebskosten folgt dieser Logik: „Warme" Betriebskosten sind stark abhängig von äußeren Einflüssen wie der Witterung. Sie zu prognostizieren ist deshalb nicht einfach. Die „kalten" Betriebskosten, wie Hausmeister- und Reinigungsdienste, Pflege der Gartenanlagen usw. sind deutlich besser vorhersagbar.

Umlage der Betriebskosten

Die Betriebskosten werden auf Basis einer hinreichend bestimmten vertraglichen Vereinbarung (Bestandteil des Mietvertrages) auf den Mieter übertragen.

> **!** **ACHTUNG**
>
> Die zu tragenden Kostenarten müssen einzeln aufgeführt werden. Das gilt insbesondere für die „sonstigen Betriebskosten", die genau benannt werden müssen. Für die anderen Betriebskosten reicht in der Regel ein Verweis auf § 2 der Betriebskostenverordnung.

Hinsichtlich der Umlageschlüssel gilt:

- Vertraglich vereinbarte Umlageschlüssel haben Vorrang.
- Fehlt eine solche Vereinbarung, gilt die Wohnfläche in Quadratmetern als Verteilerschlüssel.
- Sobald Geräte zur Verbrauchsmessung (z. B. Wasseruhren) vorhanden sind, muss grundsätzlich verbrauchsabhängig abgerechnet werden.

Üblich sind Vorauszahlungen in Form von Abschlagszahlungen und eine spätere Abrechnung. Erst nach der erfolgten Abrechnung kann die Vorauszahlung angepasst werden.

Ist zwischen Vermieter und Mieter eine Betriebskostenpauschale vereinbart, entfällt die Abrechnung.

6.2.9 Bewirtschaftungskostenquote

Berechnung:

$$Bewirtschaftungskostenquote = \frac{nicht\ umlagefähige\ Bewirtschaftungskosten}{Jahresrohertrag} \cdot 100$$

Hier werden die Bewirtschaftungskosten (ggf. aufgeteilt nach den verschiedenen Kostenarten), die durch den Eigentümer selbst zu tragen sind, dem

Jahresrohertrag gegenübergestellt. Die auf diese Weise entstehenden Werte gelten als Anhaltspunkt dafür, ob die eigenen Bewirtschaftungskosten angemessen sind.

Übliche Größenordnungen sind:

- Mietausfallwagnis: 2-4 % des Jahresrohertrages
- Verwaltungskosten: 1,5-4 % des Jahresrohertrages

Zum Vergleich der eigenen Bewirtschaftungskostenquote mit den allgemeinen Marktgegebenheiten bietet sich u. a. der Office Service Charge Analysis Report (OSCAR) von JLL (Jones Lang LaSalle) an. Dieser jährlich erscheinende Report liefert auf der Basis von über 500 Büroimmobilien eine detaillierte Analyse der Bewirtschaftungskosten.

6.2.10 Betriebskostenquote

Berechnung:

$$Betriebskostenquote = \frac{Summe\ aller\ Betriebskosten}{Ist\text{-}Jahresnettomiete} \cdot 100$$

Zu beachten ist, dass die Ist-Jahresnettomiete die Betriebskostenumlage enthält. Man berechnet also, welcher Anteil der Nettomieteinnahmen für den Betrieb der Immobilien aufgewendet werden muss.

Voraussetzung für eine sinnvolle Interpretation der Kennzahl ist, dass man Immobilien mit annähernd vergleichbaren Voraussetzungen prüft. Solche Voraussetzungen sind z. B.

- Alter,
- Ausstattung,
- Lagequalität und
- Teilmarkt.

Die auf diese Weise ermittelten Werte lassen sich wiederum mit Branchendurchschnitten oder Benchmarks vergleichen.

6.2.11 Mietausfallquote

Berechnung:

$$Mietausfallquote = \frac{Mietausf\ddot{a}lle\ des\ Jahres}{Soll - Jahresnettomiete} \cdot 100$$

Die Mietausfälle ergeben sich aus:

$$Mietausf\ddot{a}lle\ (in\ Euro) = Jahresnettomiete\,(Soll)$$
$$- Summe\ der\ vertraglich\ vereinbarten\ Mieteinnahmen$$

Mietausfälle entstehen im Wesentlichen durch

- Leerstand von Mietflächen. Hier wird der Mietausfall anhand des letzten gezahlten Mietzinses berechnet. Ist das nicht möglich, weil bspw. in einem neu gebauten Objekt Flächen (noch) nicht vermietet werden konnten, werden die Mieteinnahmen vergleichbarer Flächen im gleichen Objekt zur Bewertung herangezogen.
- Inkassoverluste auf Mietzinsen. Damit sind nicht einbringbare Rückstände von Mieten, Pachten, Vergütungen oder Zuschlägen gemeint. Ein Hauptgrund dafür ist mangelnde Bonität des Mieters oder mangelnde Zahlungsbereitschaft.
- Mietminderungen. Inwieweit Mietminderungen in die Mietausfälle einbezogen werden, ist diskutabel. Eine Mietminderung ist eine Kürzung der Mietzahlung durch den Mieter, wenn die Mietsache zugesicherte und vereinbarte Eigenschaften nicht (mehr) aufweist. Das kann dauerhaft oder vorübergehend der Fall sein.

TIPP

Da eine Mietminderung die Soll-Jahresnettomiete reduziert, wirkt sie für den Vermieter wie die anderen beiden genannten Entstehungsgründe. Aus diesem Grund wird sie hier als Bestandteil der Mietausfälle gesehen.

Trotz des Rechtes auf Mietminderung ist sie nach Grund und Höhe oft ein Streitpunkt zwischen Mieter und Vermieter. Die grundlegenden Regelungen dazu finden sich im BGB[29].

Zur Interpretation der Mietausfallquote gibt es unterschiedliche Ansätze:

Einerseits beschreibt sie das Potenzial, das in der Immobilie steckt, wenn gewöhnliche Verhältnisse herrschen. Gelingt es, Leerstand, Inkassoverluste und Mietminderungen zu reduzieren oder gar vollständig zu beseitigen, kann die Jahresnettomiete um dieses Maß gesteigert werden, ohne die Mieten generell anzuheben. Allerdings kann man aus der Mietausfallquote nicht schließen, mit welcher Wahrscheinlichkeit dieses Mietsteigerungspotenzial tatsächlich realisiert werden kann.

Andererseits deutet eine hohe Mietausfallquote auf problematische Verhältnisse bei der Vermietung eines Gebäudes oder eines Immobilienportfolios hin. Die genaue Ursache ist aus dieser Kennzahl nicht zu erkennen, dazu bedarf es genauerer Analysen (z. B. hinsichtlich des gesamten Mietumsatzes, der örtlichen Durchschnittsmiete u. a.).

6.2.12 Mietausfallwagnis

Das Mietausfallwagnis ist eine kalkulatorische Größe. Sie drückt das Risiko von Mietausfällen aus. Gesetzlich ist es definiert als „das Wagnis einer Ertragsminderung, die durch uneinbringliche Rückstände von Mieten, Pachten, Vergütungen und Zuschlägen oder durch Leerstehen von Raum, der zur Vermietung bestimmt ist, entsteht. Es umfasst auch die uneinbringlichen Kosten einer Rechtsverfolgung auf Zahlung oder Räumung."[30] Im Geltungsbereich dieser Verordnung darf das Mietausfallwagnis mit höchstens 2 % der Erträge angesetzt werden.

---

[29] Bürgerliches Gesetzbuch (BGB), § 536
[30] Zweite Berechnungsverordnung, 1990, § 29

7 Kennzahlen zur Bewertung von Immobilien

Die Bewertung von Immobilien ist eine Kunst für sich. Für die Arbeit der Gutachterausschüsse verbindlich ist die Immobilienwertermittlungsverordnung (ImmoWertV)[31], auf deren Basis die Verkehrswerte von Immobilien ermittelt werden. Ein erklärtes Ziel dieser Verordnung war, mit der Normierung der Bewertungsverfahren die Akzeptanz deutscher Wertgutachten auch bei ausländischen Investoren zu erhöhen.

Auch wenn dieses Ziel nur teilweise erreicht werden konnte, werden im Rahmen der Verordnung Begriffe präzisiert und vereinheitlicht (So wurde unmissverständlich klargestellt, dass die bisher uneinheitlich verwendeten Begriffe „Verkehrswert" und „Marktwert" identisch sind.). Damit wurde an die Begriffswelt des Baugesetzbuches angeknüpft. Die Ermittlung der Verkehrswerte sollte möglichst objektiv und ohne spekulative Elemente erfolgen. Die Notwendigkeit dafür hat sich in den letzten Jahren deutlich gezeigt. So wurde deutlich, „dass Portfolios oft falsch und in der Regel zu hoch bewertet wurden. Daher sollen zukünftig spekulative Annahmen minimiert werden, um einer erneuten Finanzkrise bereits auf der Ebene der Grundstückswertermittlung wirksam entgegenzutreten."[32]

Bei den Gutachterausschüssen für Grundstückswerte handelt es sich um bei den örtlichen Katasterämtern, den Kommunen oder den Landesämtern für Landentwicklung (die genaue Zuordnung ist Ländersache) angesiedelte Gremien von unabhängigen Immobiliensachverständigen, deren Aufgabe es u. a. ist, für Transparenz auf den Immobilienmärkten zu sorgen. Dies erfolgt vor allem durch die Beobachtung des Marktes, indem den Ausschüssen Kopien aller in ihrem Zuständigkeitsbereich abgeschlossenen Immobilienkaufverträge zugeleitet werden. Daraus entsteht eine aggregierte Kaufpreissammlung.

---

[31] Immobilienwertermittlungsverordnung, 2010
[32] Metzger, Wertermittlung von Immobilien und Grundstücken, 2013a, S. 12

! ACHTUNG

Für den Laien ist es nicht immer einfach, die unterschiedlichen Werte, die festgestellt werden, einzuordnen. Es ist aber von grundlegender Bedeutung, welcher Wert ermittelt und verglichen werden soll. Nur auf diese Weise kann eine annähernde Vergleichbarkeit gesichert werden.

Dieses Kapitel befasst sich mit den unterschiedlichen Wertdefinitionen und mit den Methoden der Wertermittlung von Immobilien. Allerdings ist festzustellen, dass der einmal ermittelte Wert im Laufe der Zeit drastischen Schwankungen unterliegen kann, und das auch in relativ kurzen Zeiträumen.

Internationale Standards?

Zu beachten ist, dass es kein normiertes System der internationalen Immobilienbewertung gibt. Die meisten international tätigen Gutachter halten sich an die

- Valuation Standards („Red Book") der Royal Institution of Chartered Surveyors (RICS) und die
- International Valuation Standards des International Valuation Standards Committee (IVSC).

Diese Standards sind zwar allgemein anerkannt, es gibt aber keine gesetzliche Pflicht, ihnen auch zu folgen.

Das Ziel der Institutionen, die an diesen Standards arbeiten, besteht darin, die in den einzelnen Ländern unterschiedlichen Bewertungsstandards zu harmonisieren oder zumindest auf Unterschiede der Standards einzelner Länder oder Organisationen hinzuweisen.

Von deutscher Seite arbeiten im IVSC der Verband Deutscher Pfandbriefbanken und der Bundesverband der Immobilien-Investment-Sachverständigen e. V. mit.

7.1 Wertdefinitionen

7.1.1 Verkehrswert (Marktwert)

Definition Verkehrswert

„Der Verkehrswert (Marktwert) wird durch den Preis bestimmt, der in dem Zeitpunkt, auf den sich die Ermittlung bezieht, im gewöhnlichen Geschäftsverkehr nach den rechtlichen Gegebenheiten und tatsächlichen Eigenschaften, der sonstigen Beschaffenheit und der Lage des Grundstücks oder des sonstigen Gegenstands der Wertermittlung ohne Rücksicht auf ungewöhnliche oder persönliche Verhältnisse zu erzielen wäre."[33]

Die international übliche Bezeichnung ist „Market Value".

Entscheidend ist also der Zustand zu einem bestimmten Zeitpunkt. Außergewöhnliche Umstände fließen in die Bewertung nicht ein. Käufer und Verkäufer sind kauf- bzw. verkaufsbereit und für die Transaktion steht ein angemessener Zeitraum zur Verfügung. Beide Parteien handeln mit Sachkenntnis und ohne Zwang.

▶ **BEISPIEL: Außergewöhnliche Umstände**

Herr Z hat sich geschäftlich verkalkuliert. Die erhofften Aufträge für sein Unternehmen sind nur zu einem Bruchteil auch erteilt worden, außerdem brachte die Expansion nach Südosteuropa nicht den geplanten Umsatzzuwachs. Um die finanzielle Schieflage kurzfristig wieder auszugleichen, muss Herr Z das Firmenobjekt am alten Standort verkaufen. Da die Zeit (und die Gläubiger) drängen, bleibt ihm nichts anderes übrig, als beim Verkauf einen deutlichen Abschlag hinzunehmen. Er erzielt am Markt also nicht den üblichen Preis.

Solche dem außergewöhnlichen Umstand „Notverkauf" geschuldete Preisnachlässe sind bei der Ermittlung des Verkehrswertes nicht zu berücksichtigen.

---

[33] Baugesetzbuch, 2004, § 194

Da der Verkehrswert der aktuelle Marktwert ist, bildet er die Basis für die Ermittlung von Kauf- bzw. Verkaufspreis einer Immobilie. Am Verkehrswert orientieren sich der Verkäufer — diesen Preis möchte er mindestens erhalten — und der Käufer — diesen Preis möchte er maximal zahlen. Dabei ist der materielle Wert der Immobilie entscheidend. Finden potenzieller Käufer und Verkäufer bei ihren Preisvorstellungen nicht zueinander, kommt der Immobilienkauf nicht zustande.

Die Ermittlung des Verkehrswertes ist aber nicht ausschließlich bei einem geplanten Kauf relevant. Ein korrekt ermittelter Verkehrswert ist u. a. auch dann erforderlich, wenn

- im Zuge einer Erbauseinandersetzung eine Erbengemeinschaft eine Immobilie erbt, diese aber nur von einem der Erben auch selbst genutzt werden kann. In diesem Fall muss dieser Erbe die anderen Erben auszahlen, sie haben einen Geldanspruch. Basis für diesen Geldanspruch ist der Verkehrswert.
- im Erbfall Pflichtteilsansprüche berechnet werden müssen.
- ein Grundstückseigentümer entschädigt werden muss, weil beispielsweise sein Haus einem öffentlichen Verkehrsprojekt weichen muss.
- eine Immobilie zwangsversteigert wird. Der bisherige Besitzer wird insofern geschützt, dass in einem ersten Verfahren der Zuschlag nur zu einem bestimmten Bruchteil des Verkehrswertes erfolgen darf. Damit soll verhindert werden, dass Immobilien in Ausnutzung der Zwangslage weit unter Wert verschleudert werden.

In all diesen Fällen wird der Verkehrswert auf Basis der o. g. Immobilienwertermittlungsverordnung von Fachleuten (i. d. R. einem vereidigten Gutachter) ermittelt. Im allgemeinen Sprachgebrauch hat sich dafür der Begriff „Verkehrswertgutachten" durchgesetzt, auch wenn die gesetzliche Definition vom „Marktwert" spricht.

TIPP

Der im Gutachten ermittelte Verkehrswert ist der Wert, der sich im allgemeinen Geschäftsverkehr mit hoher Wahrscheinlichkeit ergeben würde. Das heißt aber nicht, dass genau der gutachterliche Wert auch der letztendliche Preis im Kaufvertrag sein muss. Hier können individuelle Ansichten von Verkäufer und Käufer ebenfalls eine Rolle spielen.

Werden mehrere Gutachter unabhängig voneinander mit der Verkehrswertermittlung einer Immobilie betraut, werden mit hoher Wahrscheinlichkeit auch voneinander abweichende Werte herauskommen. Das ist nicht in mangelnder Kompetenz begründet, sondern liegt daran, dass immer auch individuelle Annahmen bei möglichen Zu- oder Abschlägen getroffen werden.

● **TIPP**

In Fällen, in denen deutlich unterschiedliche Erwartungen an den Preis eine Rolle spielen — oft ist das der Fall, wenn die öffentliche Hand z. B. für den Bau einer Umgehungsstraße Grundstücke kaufen oder gar enteignen muss —, ist es sinnvoll, sich von vornherein auf einen Gutachter zu einigen, dessen Urteil dann auch von beiden Parteien akzeptiert wird. Oft ist es so, dass man sich darauf einigt, dass die örtliche IHK einen Gutachter benennt. Man geht davon aus, dass die IHK kein eigenes Interesse an der Preisgestaltung hat und demzufolge objektive Gründe für die Wahl des Gutachters entscheidend sind.

Zusammengefasst: Der Verkehrswert ist der faire Preis eines Grundstücks, eines Gebäudes oder einer Gesamtimmobilie, der zum Zeitpunkt der Wertermittlung zu zahlen ist. Er wird auch als „As is' Market Value", also gegenwärtiger Istwert einer Immobilie bezeichnet.

Dieser allgemeine Marktwert kann je nach Gegebenheiten spezifiziert werden:

- Marktwert für eine projektierte, aber noch nicht entwickelte bzw. sanierte Immobilie — Market Value as completed and stabilised. Hier wird der künftige (voraussichtliche) Marktwert einer noch nicht fertiggestellten Immobilie festgestellt.
- Marktwert einer leerstehenden Immobilie — Market Value as vacant
- Existing Use Value — Marktwert einer Immobilie, die auf absehbare Zeit nur mit der gegenwärtigen Nutzung genutzt werden kann

▶ **BEISPIEL: Gegenwärtige Nutzung**

Die Wohnungsgesellschaft X hat für die Sanierung von Mehrfamilienhäusern Fördermittel in Anspruch genommen. Eine Bedingung für die Gewährung dieser Fördermittel war, dass die mit ihrer Hilfe sanierten und modernisierten Wohnungen einer Belegungs- und Mietpreisbindung unterliegen. Damit ist die Wohnungsgesellschaft nicht mehr frei in der Wahl ihrer Mieter, die Kommune hat ein Mitspracherecht. Außerdem sind die Mieten gedeckelt. Auch wenn diese Häuser verkauft werden sollten, bleiben diese Einschränkungen bestehen. Ein Käufer kann also nur von den Mieteinnahmen in der bestehenden Konstellation ausgehen. Eine Vermietung auf dem freien Markt ist nicht möglich. Dadurch liegen die künftigen Mieteinnahmen unter den Marktmieten, was automatisch den Verkehrswert der Immobilie reduziert.

7.1.2 Vacant Possession Value (VPV)

Definition: Vacant Possession Value

Der Vacant Possession Value ist der Marktwert einer Immobilie unter der hypothetischen Annahme, dass die Immobilie aktuell (zum Zeitpunkt des Kaufes und des Besitzübergangs) vollständig leersteht und nach einem angemessenen Vermarktungszeitraum wiedervermietet werden kann.

▶ BEISPIEL: Vacant Possession

Das Unternehmen K will die von ihm selbst genutzte Immobilie an einen professionellen Vermieter verkaufen. Obwohl aktuell noch in der Immobilie arbeitend, wird K das Objekt räumen. Allerdings muss der Käufer bis zur Neuvermietung einige Einbauten entfernen und Grundrisse ändern. Deshalb ist für neun Monate mit Leerstand und demzufolge ausfallenden Mieten zu rechnen.

Die Dauer des Leerstandes mindert den Wert der Immobilie, sodass der Vacant Possession Value kleiner ist, als der aktuelle Verkehrswert.

! ACHTUNG

Während des Leerstandes fallen in der Regel Betriebskosten an. Darüber hinaus ist beim Kauf ggf. die Maklercourtage fällig und der Umbau/Ausbau für den/die künftigen Mieter muss erfolgen. Demzufolge liegt die Wertminderung gegenüber dem aktuellen Verkehrswert nicht nur im Mietausfall, sondern ebenfalls in den zusätzlichen Kosten.

Die voraussichtliche Länge der anzusetzenden Leerstandsperioden ist abhängig von der möglichen Nutzung (Wohnnutzung, Büro, Gewerbe, ...) und der aktuellen Marktsituation.

7.1.3 Beleihungswert

Definition: Beleihungswert

Der Beleihungswert ist der Wert, den ein Kreditgeber für die Kreditlaufzeit einer Kreditsicherheit zuschreibt. Die Wertermittlung orientiert sich am während der Kreditlaufzeit erzielbaren Wiederverkaufswert.

Die rechtlichen Grundlagen bilden die Beleihungswertermittlungsverordnung[34], eine von der Bundesanstalt für Finanzdienstleistungsaufsicht (BaFin) erlassene Rechtsordnung, und das Pfandbriefgesetz[35]. Daran ist ersichtlich, dass es sich bei dem Beleihungswert um einen kreditwirtschaftlichen Begriff handelt.

! ACHTUNG

Im Gegensatz zum Verkehrswert, der den Marktwert zu einem bestimmten Zeitpunkt abbildet, ist der Beleihungswert ein Wert, der sich auf einen Zeitraum bezieht.

Dieser Zeitraum ist der sogenannte Beleihungszeitraum. Der Beleihungswert ist also ein zukunftsgerichteter Wert.

„Beleihung" heißt in Bankendeutsch die Finanzierung einer Immobilie mit einer Grundschuld als Sicherheit. Eine Immobilie zu beleihen bedeutet demnach, dass gegen die Sicherheit an der Immobilie ein Kredit gewährt wird. Die Bank wird dabei folgende Überlegungen anstellen:

- Ist der Kaufpreis im gegenwärtigen Zeitpunkt gerechtfertigt? Das wird dann der Fall sein, wenn er dem Verkehrswert entspricht.

---

[34] vgl. Beleihungswertermittlungsverordnung, 2006
[35] Pfandbriefgesetz, 2005, § 16

- Wie wird sich dieser Wert voraussichtlich während der gesamten Laufzeit des Kredites entwickeln? Dabei werden aus Vorsichtsgründen erwartete künftige Steigerungen des Marktwertes nicht in die Überlegungen einbezogen. Wohl bedacht wird jedoch, ob die Gefahr besteht, dass in den Jahren der Kreditlaufzeit eventuelle Wertminderungen zu verzeichnen sind. In diesem Fall ist der Beleihungswert zu reduzieren.

„Der Beleihungswert ist [...] der Wert, der während des gesamten Beleihungszeitraumes [...] voraussichtlich nicht unterschritten wird."[36]

Zwischen Verkehrswert und Beleihungswert gibt es einen eindeutigen Zusammenhang, der im Pfandbriefgesetz folgendermaßen beschrieben wird: „Der Beleihungswert darf den Wert nicht überschreiten, der sich im Rahmen einer vorsichtigen Bewertung der zukünftigen Verkäuflichkeit einer Immobilie und unter Berücksichtigung der langfristigen, nachhaltigen Merkmale des Objektes, der normalen regionalen Marktgegebenheiten sowie der derzeitigen und möglichen anderweitigen Nutzungen ergibt. Spekulative Elemente dürfen dabei nicht berücksichtigt werden. Der Beleihungswert darf einen auf transparente Weise und nach einem anerkannten Bewertungsverfahren ermittelten Marktwert nicht übersteigen."[37]

▶ BEISPIEL: Beleihungswert und Verkehrswert

Für eine Büroimmobilie wird ein Beleihungswert von 12 Mio. EUR genannt. Nach drei Jahren wird die Immobilie unter normalen Umständen verkauft, und zwar zum Preis von 11,5 Mio. EUR. In solch einem Fall muss der Beleihungswert auf 11,5 Mio. EUR reduziert werden. Bei der ursprünglichen Bewertung hat man angenommen, dass der Wert nicht unter 12 Mio. EUR sinken wird, eine Annahme, die sich als falsch herausgestellt hat. Da der Beleihungswert nie über dem Marktwert liegen darf, ist er hier nach unten zu korrigieren.

---

[36] Geyer, Die passende Immobilie – Insidertipps für Auswahl und Kauf, 2009, S. 77
[37] Pfandbriefgesetz, 2005, § 16 Abs. 2

Hier stellt sich die Frage, weshalb diese vorsichtige Herangehensweise auch noch gesetzlich geregelt wurde. Dies liegt im Instrument der Hypothekenpfandbriefe begründet. Hypothekenpfandbriefe sind Wertpapiere, die ganz besonderen und durch einen Treuhänder garantierten Sicherheitsansprüchen genügen: Sie müssen mit erstrangigen und vor allem werthaltigen Grundschulden oder Hypotheken besichert (gedeckt) sein. Wird der Beleihungswert zu hoch angesetzt, wäre die hohe Sicherheit der Pfandbriefe nicht mehr gegeben.

7.1.4 Beleihungsgrenze

Definition: Beleihungsgrenze

Die Beleihungsgrenze liegt bei den ersten 60 % des von der Pfandbriefbank aufgrund einer Wertermittlung nach § 16 PfandBG festgesetzten Wertes des Grundstücks (Beleihungswert)[38].

Die Beleihungsgrenze bezieht sich also immer auf den ordnungsgemäß ermittelten Beleihungswert. Die Grenze beinhaltet einen Sicherheitsabschlag von 40 % auf den voraussichtlich dauerhaft erzielbaren Wiederverkaufswert.

TIPP

Einem Kreditinstitut bleibt es unbenommen, eine Immobilie auch über die Beleihungsgrenze hinaus zu finanzieren. Sie wird den Kredit dann auf die allgemeine Bonität des Kreditnehmers oder auf zusätzlich hereinzunehmende Sicherheiten abstellen. Nur den strengen Anforderungen des Pfandbriefgesetzes genügt diese Form der Kreditgewährung dann nicht mehr.

Im allgemeinen Sprachgebrauch, auch in den Kreditinstituten, wird der Beleihungswert oft auch als „Beleihungsgrenze" bezeichnet. Das widerspricht den Definitionen des Pfandbriefgesetzes.

---

[38] siehe Pfandbriefgesetz, 2005, § 14

7.1.5 Einheitswert

Definition: Einheitswert

Der Einheitswert ist ein durch die zuständigen Finanzbehörden ermittelter Wert für privat, gewerblich und land- und forstwirtschaftlich genutzten Grundbesitz. Er dient u. a. als Bemessungsgrundlage für die Grund- und die Grunderwerbsteuer.

Der Einheitswert liegt (z. T. deutlich) unter dem aktuellen Verkehrswert. Um das zu verstehen, ist es sinnvoll, sich kurz mit der Geschichte des Einheitswertes zu befassen. Einheitswerte für Grundstücke wurden im Jahr 1935 erstmalig in Deutschland eingeführt. Die Erhebung (Hauptfeststellung) sollte nach der ursprünglichen Intention des Gesetzgebers in einem Sechsjahresturnus erfolgen. Dabei sollten für sämtliche Grundstücke in Deutschland alle Änderungen und Fortschreibungen erfasst werden. Die nächste Hauptfeststellung fiel den Kriegsereignissen zum Opfer und auch in den 1950er-Jahren wurden andere Dinge als wichtiger erachtet. So erfolgte die nächste Hauptfeststellung erst zum 1. Januar 1964, beschränkt auf die alten Bundesländer und Westberlin.

Der Aufwand für die Hauptfeststellung ist immens hoch, sodass man seitdem von weiteren Erhebungen abgesehen hat. Damit bilden die Einheitswerte in den alten Bundesländern den Stand von 1964, in den neuen Bundesländern, wo keine weitere Hauptfeststellung erfolgt ist, sogar den von 1935 ab. Damit sind die Einheitswerte von den realen und aktuellen Verkehrswerten abgekoppelt. Lediglich für neu entstandene wirtschaftliche Einheiten (z. B. durch die Teilung von Grundstücken oder durch die Schaffung von Wohneigentum) und für Einheiten, die erstmalig besteuert werden, wird der Einheitswert in Form einer Nachfeststellung durch das Finanzamt neu festgelegt. Eine Nachfeststellung ist immer zukunftsorientiert und wirkt nie zurück.

Wertfortschreibung

Wenn sich der Wert eines Grundstücks seit der letzten Feststellung geändert hat (Erhöhung oder Verminderung) und diese Wertänderung ein bestimmtes

Maß überschreitet[39], erfolgt eine Wertfortschreibung, d. h. eine Neubewertung. In der Regel tritt das ein, wenn sich die tatsächlichen Verhältnisse geändert haben.

! ACHTUNG

Bei Wertfortschreibungen werden die Verhältnisse im Hauptfeststellungszeitpunkt (1964 bzw. 1935) zugrunde gelegt. Auf diese Weise soll erreicht werden, dass Gebäude, auch wenn sie innerhalb des Hauptfeststellungszeitraumes zu unterschiedlichen Zeiten hergestellt wurden, gleich bewertet werden. Spätere Preissteigerungen spielen also keine Rolle.

Ermittlung der Einheitswerte

- Unbebaute Grundstücke: Multiplikation des Bodenwertes von 1964 (1935) mit der Quadratmeterzahl
- Bebaute Grundstücke: Ertragswertverfahren. Die laut Einheitswert von 1964 (1935) zu entrichtende Jahresrohmiete wird mit einem Faktor multipliziert, der sich aus dem System der Ertragswertberechnung ergibt.
- Zu- oder Abschläge für werterhöhende und wertmindernde Faktoren

Die Nutzung des Grundstücks (gewerblich, landwirtschaftlich, brachliegend, wohnwirtschaftlich, ...) spielt bei der Ermittlung der Einheitswerte eine bedeutende Rolle. Darüber hinaus geht eine künftig vorgesehene Bebauung (Ausweis im Bebauungsplan) in die Ermittlung ein.

● TIPP

Es ist nicht immer sicher, ob all diese Komponenten vom Finanzamt richtig eingeordnet wurden, vor allem dann, wenn es Änderungen in der Nutzung gegeben hat. Deshalb empfiehlt es sich, den Einheitswertbescheid nicht einfach abzuheften, sondern fachmännisch prüfen zu lassen, wenn man die Befürchtung hat, dass falsche Voraussetzungen zur Bewertung geführt haben. Immerhin ist der Einheitswert Basis für die Besteuerung des Grundstücks.

---

[39] vgl. Bewertungsgesetz, 1991, § 22

Besonderheiten gibt es bei der Feststellung des Einheitswertes von land- und forstwirtschaftlich genutzten Grundstücken.[40]

7.2 Wertermittlungsverfahren

In Deutschland gibt es drei klassische und gesetzlich normierte Verfahren, um den Wert einer Immobilie zu ermitteln. Es handelt sich dabei um

- das Vergleichswertverfahren,
- das Ertragswertverfahren und
- das Sachwertverfahren.

Die Regelungen dazu finden sich in der ImmoWertV[41]. Die Gutachterausschüsse sind verpflichtet, die Verordnung zur Ermittlung der Verkehrswerte anzuwenden.

7.2.1 Vergleichswertverfahren (§§ 15-16 ImmoWertV)

Definition: Vergleichswertverfahren

Mit dem Vergleichswertverfahren wird der Verkehrswert (Marktwert) eines Grundstücks aus tatsächlich realisierten Kaufpreisen bei anderen Grundstückstransaktionen hergeleitet. Die Vergleichsgrundstücke müssen in Lage, Nutzung, Bodenbeschaffenheit, Zuschnitt und sonstiger Beschaffenheit mit dem zu vergleichenden Grundstück hinreichend übereinstimmen.

Berechnung:

$$Vergleichswert = Wert\ des\ Grund\ und\ Bodens + Wert\ der\ baulichen\ Anlage$$

---

[40] vgl. Bewertungsgesetz, 1991, §§ 35 und 54

[41] Immobilienwertermittlungsverordnung, 2010

In der Vergleichbarkeit liegt das Problem des Vergleichswertverfahrens. In der Regel wird es kaum möglich sein, ein Grundstück zu finden, das in allen Kriterien mit dem zu bewertenden Grundstück übereinstimmt. Aus diesem Grund wird zumeist auf indirekte Weise ein Vergleichswert ermittelt: Das Vergleichsgrundstück entspricht in wesentlichen, aber nicht in allen Kriterien dem zu bewertenden Grundstück. Die Unterschiede werden mithilfe von Zu- oder Abschlägen berücksichtigt.

TIPP

Die sich ergebenden Zu- oder Abschläge sollten im Regelfall einen Wert von 30 bis 35 % nicht überschreiten, sonst kann man nicht mehr von vergleichbaren Grundstücken sprechen.

Vor- und Nachteile des Vergleichswertverfahrens

Das Vergleichswertverfahren hat einen eindeutigen Vorteil: Es spiegelt die tatsächlichen, aktuell am Markt erzielbaren Verkehrswerte wider. Es ist leicht nachzuvollziehen und zuverlässig. Andererseits ist diese starke Orientierung am aktuellen Verkehrswert auch ein Nachteil: Das Ergebnis der Wertermittlung nach dem Vergleichswertverfahren unterliegt deutlich stärker den Marktschwankungen als die Ergebnisse der anderen beiden Verfahren. Die Wertermittlung nach dem Vergleichswertverfahren ist damit immer eine Momentaufnahme und bezieht künftige Entwicklungen nicht in die Betrachtung ein.

Typische Anwendungsbereiche

Das Vergleichswertverfahren wird häufig bei Wohnimmobilien, insbesondere bei Eigentumswohnungen, Ein- oder Zweifamilienhäusern angewendet. Hier ist der Pool der Vergleichsobjekte relativ groß. Es ist einfach anzuwenden und führt zu nachvollziehbaren Ergebnissen.

BEISPIEL: Scheidung

In Scheidungsfällen ist die Aufstellung des gesamten Vermögens wichtig, um die Anteile bei der Auseinandersetzung zu ermitteln. Herr und Frau L haben in „besseren Zeiten" ein Reihenhaus zu gleichen Teilen erworben.

Bei der Scheidung soll Frau L das Haus behalten. Zur Wertermittlung werden zwei Reihenhäuser in der gleichen Siedlung herangezogen, die im letzten Jahr verkauft worden sind.

Auch bei der Ermittlung der Schenkungs- oder Erbschaftsteuer oder bei Kauf oder Verkauf von Wohneigentum (Eigentumswohnungen) wird das Vergleichswertverfahren häufig angewendet.

Wert von Grund und Boden

Der Vergleichswert basiert in der Regel auf

- der anonymisierten Kaufpreissammlung der örtlichen Gutachterausschüsse oder
- den aus der Kaufpreissammlung abgeleiteten Bodenrichtwerten.

Es werden Grundstücke herausgesucht, die zumindest in der Lage und der Art der baulichen Nutzung mit dem zu bewertenden Objekt übereinstimmen. Gegebenenfalls werden Umrechnungskoeffizienten angewendet.

Bauliche Anlagen

Auch hier sind die Kaufpreissammlungen der Gutachterausschüsse eine wesentliche Basis. Hinzu kommen eigene Marktrecherchen und Anpassungen hinsichtlich der Lage (Stadtteile), der allgemeinen Mikrolage, der Ausstattung und letztlich ein subjektiver Eindruck des gesamten Bauzustandes.

! ACHTUNG

Das Vergleichswertverfahren ist von allen Verfahren am stärksten am Markt orientiert. Andererseits hängt das Ergebnis stark von der fachlichen Kompetenz des Gutachters ab. Letztlich wird sich immer eine Von-bis-Spanne ergeben.

7.2.2 Ertragswertverfahren (§§ 17-20 ImmoWertV)

Definition: Ertragswertverfahren
Der Ertragswert einer Immobilie ist der Wert, der sich auf der Basis zukünftig zu erwartender Einkünfte aus dieser Immobilie berechnet. Der Ertragswert ist der Kapitalwert (= Summe der Barwerte) der künftigen Überschüsse aus Ertrag und Aufwand aus der Immobilie.

Berechnung:

	Jahresrohertrag = Gross Operating Income
-	Bewirtschaftungskosten
=	Grundstücksreinertrag
-	Verzinsung des Bodenwertes*)
=	Reinertrag der baulichen Anlage
×	Vervielfältiger**)
+/-	sonstige wertbeeinflussende Umstände
=	Ertragswert der baulichen Anlage
+/-	sonstige wertbeeinflussende Umstände
=	Wert der baulichen Anlage
+	Bodenwert
=	Ertragswert

*) Verzinsung des Bodenwertes = Bodenwert × p/100; der abgezinste Bodenwert wird Bestandteil des Ertragswertes.
**) finanzmathematisch ermittelter Rentenbarwertfaktor

Der in der Rechnung verwendete Rentenbarwertfaktor drückt den Wert einer gleichmäßigen Zahlung (in diesem Fall der jährlich anfallende Reinertrag der baulichen Anlage) über einen festgelegten Zeitraum (der Restnutzungsdauer) bei einem vorgegebenen Zinssatz aus.

Die Besonderheit des Ertragswertverfahrens bei Immobilien besteht darin, dass Grund und Boden separat bewertet und zum im Ertragswertverfahren ermittelten Wert der baulichen Anlage addiert werden.

Internationale Berechnungen

Das in Deutschland übliche und hier vorgestellte Ertragswertverfahren ist in der ImmoWertV genormt. Im internationalen Maßstab wird jedoch teilweise abweichend gerechnet. Hier wird auf die Trennung des Ertrages aus Grund und Boden einerseits und baulicher Anlage andererseits verzichtet. Der Wert der Gesamtimmobilie wird aus den aktuellen Mietverträgen und wahrscheinlichen Szenarien einer Wiedervermietung in der Zukunft hergeleitet. Beim Income Approach werden die Reinerträge als sog. ewige Rente abdiskontiert, man geht also von einer theoretisch unbegrenzten Lebensdauer aus (im Gegensatz zum normierten Verfahren der ImmoWertV, die von einer festen Restnutzungsdauer der Immobilie ausgeht).

TIPP

Diese Herangehensweise ist bei langen Restlebensdauern akzeptabel. Das liegt daran, dass durch die Abzinsung über mehrere Jahrzehnte der Barwert der künftigen Zahlungen sich tendenziell einem Wert von null nähert.

Etwas genauer ist die Methode, die Zahlungen der nächsten fünf bis zehn Jahre detailliert zu betrachten und erst danach eine ewige Rente anzunehmen. Auf diese Weise werden beispielsweise in naher Zukunft anstehende Investitionen (z. B. für eine bevorstehende Sanierung) definitiv berücksichtigt und die Glättung der Cashflows der Zukunft erfolgt erst später.

ACHTUNG

Die international üblichen Berechnungen haben die erwarteten Zahlungen (Cashflows) und nicht die Erträge zur Grundlage. Demzufolge handelt es sich um ein Discounted-Cashflow-Verfahren (DCF). Im Gegensatz zum statischen Ertragswert kann beim DCF-Verfahren ein sich dynamisch verändernder Cashflow zugrunde gelegt werden.

Anwendung des Ertragswertverfahrens

Das Ertragswertverfahren kann nur bei Liegenschaften angewendet werden, die auch einen Ertrag abwerfen. Das gilt insbesondere für

- Mehrfamilienhäuser (Mietwohngrundstücke),
- Büro- und Geschäftshäuser,
- Einzelhandelsimmobilien,
- Spezialimmobilien (das sind z. B. Parkhäuser, Hotels, Krankenhäuser, Logistikzentren, Hochregallager usw.) und
- gemischt genutzte Grundstücke.

Bei selbst genutzten Immobilien (Eigentumswohnungen, Einfamilienhäuser) kommt das Ertragswertverfahren hingegen nicht zum Einsatz — hier dominiert das Sachwertverfahren.

▶ **BEISPIEL: Infrastruktureinrichtungen**

Einrichtungen der kommunalen oder sonstigen öffentlichen Infrastruktur werden ebenfalls nicht nach dem Ertragswertverfahren bewertet. So ist es nicht möglich, den Ertragswert eines nicht gewerblich betriebenen Konzertsaals, einer Schule oder gar einer Kaserne sinnvoll zu ermitteln. Hier kommt wieder das Sachwertverfahren zum Einsatz.

Fazit zum Ertragswertverfahren

Das Ertragswertverfahren ist eine etablierte Methode, die zu einem eindeutigen und marktnahen Ergebnis führt. Die zugrunde liegenden Nettomieteinnahmen sollten nachhaltig erzielbar sein.

Die Grenzen liegen u. a. darin, dass diese Nettomieteinnahmen als gegeben und nicht veränderbar angenommen werden. Ermessensspielräume des Gutachters gibt es bei der Bestimmung der Restnutzungsdauer, des Kapitalisierungszinsfußes (der in den Vervielfältiger eingeht) und im Ansatz der Bewirtschaftungskosten.

7.2.3 Sachwertverfahren (§§ 16-23 ImmoWertV)

Berechnung:

Sachwert = Bodenwert + Bauwert des Gebäudes + Bauwert der sonstigen baulichen Anlagen

Der allgemeine Rechenweg sieht folgendermaßen aus:

	angemessene Herstellungskosten des Gebäudes
+	Herstellungskosten der Außenanlagen
+	Herstellungskosten bestimmter Betriebseinrichtungen
=	Herstellungswert der baulichen Anlagen
-	Wertminderung wegen baulicher Mängel und Schäden
-	Wertminderung wegen Alters
+/-	sonstige wertbeeinflussende Umstände
=	Wert der baulichen Anlagen
+	Wert der sonstigen Anlagen
+	Bodenwert
=	Sachwert

Zur Ermittlung des Bodenwertes sei auf das dafür allgemein angewendete Vergleichswertverfahren verwiesen.

In vielen Fällen ist das Sachwertverfahren das einzig sinnvoll anwendbare Verfahren. Das trifft insbesondere dann zu, wenn mit der Immobilie kein Ertrag erzielt werden kann oder soll.

▶ **BEISPIEL: Sachwertverfahren bei Wohnimmobilien**

Familie R hat sich entschlossen, ein Einfamilienhaus zu kaufen. Der Makler bietet ein geeignetes Objekt an, das bisher von einem alleinstehenden Herrn bewohnt war, der nun zu seiner Tochter ziehen wird. Das Objekt war nie vermietet, Familie R will es ebenfalls selbst nutzen und die vergleichbaren Häuser in der Nachbarschaft sind ebenfalls von ihren Eigentümern bewohnt. Somit ist es nicht möglich, eine sinnvolle Vergleichsmiete als Basis zur Berechnung eines Ertragswertes zu finden. Der annähernde Wert der Immobilie wird also nach dem Sachwertverfahren ermittelt.

Klassische Anwendungsbereiche für das Sachwertverfahren sind somit

- Einfamilienhäuser (unabhängig davon, ob es sich um frei stehende Einfamilienhäuser oder um Reihenhäuser handelt),
- Einfamilienhäuser mit Einliegerwohnung,
- Doppelhäuser oder andere Formen von Zweifamilienhäusern.

Außerhalb des Bereiches der Wohnimmobilien findet das Sachwertverfahren z. B. Anwendung bei

- Industrieobjekten,
- öffentlichen Gebäuden,
- Kirchen,
- Burgen und Schlössern und
- ähnlichen nicht vermietbaren Objekten.

! ACHTUNG

Die Herstellungskosten, die für die Berechnung des Sachwertes benutzt werden, beruhen auf dem aktuellen Preisniveau. In der Regel werden die gewöhnlichen Herstellungskosten pro Quadratmeter Wohnfläche oder pro Kubikmeter umbauten Raumes mit den tatsächlich vorhandenen Flächen (bzw. mit dem tatsächlichen umbauten Raum) multipliziert, um zu angemessenen Herstellungskosten zu gelangen. Die Herstellungskosten der einzelnen Bauleistungen (Einzelkosten) dienen nur im Ausnahmefall als Basis.

● TIPP

Es gilt, die angemessenen Herstellungskosten als Basis zu nehmen. Das müssen nicht unbedingt die tatsächlich angefallenen Herstellungskosten sein. Einerseits können sich seit der Errichtung des Gebäudes die Baupreise geändert haben, andererseits können seinerzeit aus unterschiedlichsten Gründen die Herstellungskosten nicht angemessen, sondern überhöht gewesen sein.

Die in der Formel genannten „sonstigen wertbeeinflussenden Umstände" können auch Abschläge wegen unzeitgemäßer technischer Ausführung bestimmter Bauteile sein.

> **BEISPIEL: Unzeitgemäße technische oder wirtschaftliche Ausstattung**
>
> Das Haus der Familie R ist einerseits nicht gedämmt und andererseits verrichtet eine Zentralheizanlage ihren Dienst, die zwar zuverlässig, aber auf dem technischen Stand der 1980er-Jahre arbeitet — mit einem entsprechend hohen Verbrauch an Erdgas.

Oft ist nicht (mehr) bekannt, was die Herstellung der Außenanlagen gekostet hat. Dann wird gern auf einen Pauschalsatz zurückgegriffen, der zwischen 2 und 5 % (in Ausnahmefällen auch bis 10 %) der angemessenen Herstellungskosten beträgt.

> **! ACHTUNG**
>
> Zu den Normalherstellungskosten gehören auch die Kosten für Planung, behördliche Genehmigungen, Prüfungen usw., die üblicherweise unter den Begriff der „Baunebenkosten" fallen.

Pro und Contra

Das Verfahren ist eindeutig und basiert auf Normal- und aktuellen Kosten. Andererseits ist es unflexibel und bietet deutliche Ermessensspielräume (vor allem bei der Bestimmung der zugrunde liegenden Kosten).

7.3 Begriffe zur Wertermittlung

7.3.1 Baupreisindex

> **Definition: Baupreisindex**
>
> Der Baupreisindex ist ein vom Statistischen Bundesamt ermittelter und veröffentlichter Index, der die Entwicklung der Baupreise gegenüber einem Basisjahr wiedergibt.

Mit seiner Hilfe können die realen Entwicklungen von Bauproduktionswerten erkannt werden. Um einen realitätsnahen Wert zu erhalten, werden mittels einer repräsentativen Stichprobe vertraglich vereinbarte Marktpreise für etwa 200 verschiedene Bauleistungen erhoben und daraus die durchschnittliche Preisentwicklung der Bauleistung ermittelt. In der Regel werden die Kosten pro Quadratmeter oder pro Kubikmeter umbauten Raumes angegeben.

Der Baupreisindex wird vor allem bei der Bewertung von Gebäuden (Bauwerken) im Sachkostenverfahren genutzt.

Durch Multiplikation der ursprünglichen Herstellungskosten mit dem Baupreisindex erhält man die aktuellen Wiederherstellungswerte für das Haus. In der Gegenrichtung kann man berechnen, was zum Zeitpunkt der Herstellung der Immobilie angemessene Baukosten waren, wenn man die heutigen Baukosten durch den Index teilt und mit 100 multipliziert.

▶ **BEISPIEL: Aktuelle Wiederherstellungswerte**

Im Jahr 2010 wurden für die Herstellung eines Gebäudes 150.000 EUR aufgewendet. Der aktuell gültige Baupreisindex beträgt 108,1. Damit würde es heute etwa 162.000 EUR kosten, das Haus wiederherzustellen. Die Rechnung:

$$heutige\ Wiederherstellungskosten = \frac{ursprüngliche\ Herstellungskosten \cdot Baupreisindex}{100}$$

Bedeutung hat dieser Wert u. a., um den Versicherungswert einer Immobilie zu ermitteln. Die Rückrechnung ist dann sinnvoll, wenn man die historischen Herstellungskosten auf Basis der heutigen Preise schätzen möchte.

Aktueller Baupreisindex BRD[42] (Stand: November 2013)	Index (Basis 2010 = 100)
Neubau von Wohngebäuden insgesamt einschl. Umsatzsteuer	108,1
Neubau von Bürogebäuden insgesamt einschl. Umsatzsteuer	108,2
Neubau von gewerblichen Betriebsgebäuden einschl. Umsatzsteuer	108,3

---

[42] Statistisches Bundesamt, 2014

Lange Zeit wurde der Baupreisindex ausschließlich auf Basis der Preise von 1913/1914 fortgeschrieben, was im Februar 2000 zu einem Index von 2.150,7 geführt hat. Später wurde der Index aufgrund der Einführung des Euro mit dem offiziellen Wechselkurs umgerechnet. Da sich die im Bau angewendeten Verfahren seitdem grundlegend geändert haben, wird der Index jetzt kurzfristiger angepasst. Aktuell gilt das Jahr 2010 als Basisjahr.

! ACHTUNG

Vom Baupreisindex zu unterscheiden ist der ebenfalls vom Statistischen Bundesamt ermittelte Baukostenindex. Dieser erfasst die Kosten bei der Erbringung einer Bauleistung und enthält u. a. keine Umsatzsteuer.

7.3.2 Liegenschaftszinssatz

Berechnung (vereinfachte Form):

$$Liegenschaftszinssatz = \frac{j\ddot{a}hrlicher\ Reinertrag\ der\ Liegenschaft}{Kaufpreis} \cdot 100$$

In der alten, inzwischen aufgehobenen Wertermittlungsverordnung wurde der Liegenschaftszinssatz definiert als der Zinssatz, mit dem der Verkehrswert von Liegenschaften im Durchschnitt marktüblich verzinst wird. Er ist damit die marktübliche Renditeerwartung. Wenn dieser Zinssatz im zu untersuchenden Objekt nicht erreicht wird, ist das Investment unter finanziellen Gesichtspunkten nicht sinnvoll.

Der Liegenschaftszinssatz wird weiterhin benötigt, um im Ertragswertverfahren den Wert einer Immobilie zu berechnen. Künftige Erträge werden mit dem ortsüblichen Liegenschaftszinssatz auf den heutigen Zeitpunkt abgezinst.

● TIPP

Der Liegenschaftszinssatz ist als allgemein anerkannte Größe nur bei einer entsprechend großen Datenbasis sinnvoll zu ermitteln. Demzufolge ist das eine Aufgabe der örtlichen Gutachterausschüsse. Sind diese nicht dazu in der Lage, z. B. wegen einer zu geringen Anzahl an Transaktionen, kann man ihn nur näherungsweise auf Basis der einem selbst zugänglichen Daten ermitteln.

Die Anwendung des Liegenschaftszinssatzes erfolgt immer in Verbindung mit einer Restnutzungsdauer. Diese ist abhängig vom Gebäudetyp und der Nutzung.

ACHTUNG

Je länger die Restnutzungsdauer ist, desto weniger Einfluss hat sie auf das Ergebnis der Rechnung. Bei Restnutzungsdauern von über 50 Jahren wird die Abweichung gegenüber einer (rein rechnerischen) „ewigen" Nutzung nur noch marginal.

Pro und Contra

Der Liegenschaftszinssatz ist eine konservative und allgemein angewendete Kennzahl. Nach der obigen Formel lässt er sich einfach ermitteln. Problematisch ist, dass er lediglich die Anfangsrendite abbildet und damit keine Aussagen über künftige Entwicklungen des Standortes, des Marktes oder auch des Objektes selbst liefern kann.

TIPP

Der Liegenschaftszinssatz wird oft auch einfach als „Liegenschaftszins" bezeichnet. Das ist insofern unkorrekt, als der Zins eine absolute Summe (einen Geldbetrag) darstellt, während der Zinssatz eine Vom-Hundert-Größe ist. Man kann aber davon ausgehen, dass der umgangssprachliche Liegenschaftszins und der Liegenschaftszinssatz synonym verwendet werden.

Vergleich mit All Risks Yield (ARY)

Ein Gleichsetzen des Liegenschaftszinssatzes mit der international üblichen Renditegröße „All Risks Yield" wird zwar oft vorgenommen, ist aber nicht korrekt. Einige Berechnungsgrößen unterscheiden sich. So wird z. B. im ARY das

Mietausfallwagnis im Zinssatz abgebildet, beim auf dem Liegenschaftszinssatz beruhenden Ertragswertverfahren jedoch an dieser Stelle nicht.[43]

7.3.3 Multiplikatoren (Multiples)

Berechnung:

$$Marktwert\ des\ Objektes = Bezugsgröße \cdot Multiplikator$$

Das Multiplikatorverfahren ist eine einfache Methode, um den Marktwert einer Immobilie überschlägig zu ermitteln oder einen verlangten Kaufpreis zu verifizieren. Man geht dabei von der Überlegung aus, dass ein „gerechter" Marktwert ein Vielfaches einer bekannten Bezugsgröße ist.

> **▶ BEISPIEL: Mietenmultiplikator**
>
> Herrn K wird ein Mehrfamilienhaus als Renditeobjekt angeboten. Die Jahresmieteinnahmen betragen 240.000 EUR. Herr K weiß aus Erfahrung, dass ein Objekt mit den qualitativen Merkmalen der angebotenen Immobilie etwa mit dem 15-Fachen der Jahresmiete gehandelt wird. Demzufolge berechnet er einen „gerechten" Wert, mit dem er in die Verhandlungen gehen will:
>
> $$Marktwert = 240.000 \cdot 15 = 3,6\,Mio.\,€$$

Ein allgemein üblicher Multiplikator ist der hier angewendete Mietenmultiplikator. Problematisch bei der Anwendung dieser Methode ist jedoch u. a.:

- Die Multiplikatoren können nur einen groben Anhaltspunkt liefern. Es ist nicht sicher, ob der angewendete Multiplikator auch die Eigenschaften des zu bewertenden Objektes widerspiegelt.
- Die Multiplikatoren stellen nur die aktuelle Situation dar. Sie können sich im Rahmen von Veränderungen des Marktes ebenfalls schnell und gravierend ändern.

---

[43] vgl. dazu u. a. Wendlinger, 2012, S. 121

- Es ist nicht verbindlich definiert, ob z. B. die Soll- oder die Ist-Jahresmiete in die Berechnung eingeht. Gerade bei älteren und sanierungsbedürftigen Objekten kann es hier deutliche Unterschiede geben.
- Künftige Entwicklungen werden nicht betrachtet.

Trotz der hier genannten Einschränkungen wird der Mietenmultiplikator als Basis für die überschlägige Ermittlung des Wertes von Immobilien bzw. zur Überprüfung der Angemessenheit eines Kauf-/Verkaufspreises gern und oft verwendet. Das liegt vor allem an der doch sehr einfachen Berechnung und der Zugänglichkeit der Daten.

7.3.4 Terminal Value (Restwert)

Der potenzielle Restwert zum Zeitpunkt einer späteren Veräußerung der Immobilie wird als „Terminal Value" bezeichnet. Man rechnet damit, dass man die Immobilie zu diesem Wert veräußern kann. Es handelt sich also um einen Marktwert zu einem bestimmten Stichtag in der Zukunft.

Berechnung:

	Jahresrohertrag im Jahr t
-	Bewirtschaftungskosten im Jahr t
=	Terminal Cashflow *)
×	Kapitalisierungsfaktor
=	Kapitalwert
-	Transaktionskosten
-	wertbeeinflussende Faktoren
=	Terminal Value
×	Diskontierungsfaktor
=	Discounted Terminal Value

*) Der aus der normalen Bewirtschaftung der Immobilie resultierende Cashflow (entspricht dem Jahresreinertrag) wird entweder auf die Restnutzungsdauer der Immobilie oder als „ewige Rente" berechnet und dann auf die Gegenwart abgezinst.

Der voraussichtliche Restwert zu einem künftigen Veräußerungstermin ist entscheidend, um die Rendite einer Immobilieninvestition zu berechnen. Die aus dem Verkauf resultierende Zahlung ist ein entscheidender Bestandteil der Bestimmung des internen Zinsfußes der Investition und damit der näherungsweisen Berechnung der Rendite.

Das Problem besteht in der Prognoseunsicherheit, die aufgrund des langen Zeitraums von zumeist mehr als zehn Jahren besonders ausgeprägt ist.

7.4 Renditekennzahlen von Immobilien

Für einen Immobilieninvestor ist die aktuelle und vor allem die künftige Rendite ein wesentlicher Entscheidungsfaktor für Kauf oder Nichtkauf. Renditekennzahlen sind immer Prozentzahlen, die ein Ergebnis aus dem Einsatz von Kapital zum eingesetzten Kapital ins Verhältnis setzen.

Im Englischen werden dafür überwiegend die Begriffe „Yield" oder „Return" gebraucht. Ein Return bezieht sich üblicherweise auf ein Unternehmen, während sich bei der Bezeichnung der Rendite von Immobilien der Begriff „Yield" eingebürgert hat.

So einfach die Grundformel ist, so wichtig ist es, bei der Berechnung der einzelnen Yields Dividend und Divisor in der Gleichung genau zu definieren. Nur so lassen sich sinnvolle Vergleiche anstellen.

7.4.1 All Risks Yield (ARY)

Berechnung:

$$ARY = \frac{Net\,Operating\,Income}{Kaufpreis} \cdot 100$$

Wichtig in diesem Zusammenhang ist die Definition des Net Operating Income: Hierbei handelt es sich um die Nettomieteinnahmen abzüglich der Bewirtschaftungskosten unter der Annahme einer Vollvermietung. In die Bewirtschaftungskosten wird dabei also kein Anteil für das Leerstandsrisiko einkalkuliert. Dieses findet sich somit in der berechneten Größe der ARY wieder.

Damit gilt:

- Net Operating Income = Jahresreinertrag der vollvermieteten Immobilie zum Zeitpunkt des Erwerbs
- Beim Kaufpreis werden Kaufnebenkosten nicht angesetzt.

TIPP

All Risks Yield ist die Anfangsrendite einer Immobilieninvestition, die alle Risiken berücksichtigt. Unterstellt wird dabei eine Situation der Vollvermietung. Sollte das Objekt zum Analysezeitpunkt nicht vollständig vermietet sein, werden die leerstehenden Flächen fiktiv zu einem im Normalfall für diese Flächen zu erzielenden Mietansatz in die Betrachtung einbezogen.

Die All Risks Yield unterstellt ein „ewig" gleichbleibendes Net Operating Income, während bei der weiter vorn genannten Kennzahl „Liegenschaftszinssatz" eine definierte Restnutzungsdauer angesetzt wird. Bei langen Laufzeiten (über 50 Jahre) nähern sich die Werte dieser beiden Kennzahlen an, ohne jedoch vollkommen identisch zu sein.

Pro und Contra

ARY ist eine international etablierte Kennzahl, die sich relativ einfach ermitteln lässt, sobald Kaufpreis und anfängliche Jahresmiete bekannt sind. Allerdings wird die Rendite allein im Zeitpunkt des Erwerbs berechnet. Spätere Entwicklungen werden nicht berücksichtigt.

Theoretisch kann damit auch eine vollständig leerstehende Immobilie eine hohe ARY erzielen, weil ein Vollvermietungsszenario unterstellt wird und Vermietungsrisiken ausgeblendet werden.

! ACHTUNG

Gelegentlich wird die ARY aus einer bekannten Basisrendite hergeleitet, indem man von dieser Basisrendite einen Risikoabschlag subtrahiert. Die Basisrendite ist dabei die Rendite einer neu vermieteten erstklassigen Immobilie in bester Lage in der betrachteten Region. Auch die Nutzung sollte identisch und durch tatsächliche Transaktionen verifizierbar sein. Als Risikoabschlag werden je nach Objektrisiken zwischen 0,25 und 2,0 % veranschlagt.

Aus der ARY kann man so näherungsweise den Verkehrswert einer Immobilie ableiten:

$$Verkehrswert = \frac{Net\,Operating\,Income}{All\,Risks\,Yield} \cdot 100$$

Diese Vorgehensweise wird im englischen als „Income Method" zur Ermittlung des Verkehrswertes bzw. eines angemessenen Kaufpreises bezeichnet.

7.4.2 Bruttoanfangsrendite

Berechnung:

$$Bruttoanfangsrendite = \frac{Jahresnettomiete\,(Ist)}{Nettokaufpreis} \cdot 100$$

Die Bruttoanfangsrendite ist eine sehr einfache Kennzahl. Sie setzt die vertraglich vereinbarte Miete ohne Berücksichtigung von Betriebskosten, die nicht umlagefähig sind, zum Nettokaufpreis ohne Berücksichtigung von Erwerbsnebenkosten ins Verhältnis.

Auf diese Weise erhält man einen ersten Eindruck davon, ob eine Immobilie im Vergleich zu anderen infrage kommenden Objekten preiswert oder (zu) teuer ist. Sie kann aber nur einen ersten Eindruck vermitteln, da die aktuelle Vermietungssituation, der Instandhaltungszustand und andere wesentliche Faktoren keinen Eingang in die Berechnung finden. Auch außerordentliche Erlösminderungen (z. B. durch erforderliche Incentives) werden nicht berücksichtigt.

Es handelt sich um eine statische Kennzahl, die lediglich die Situation im Zeitpunkt des Kaufes beschreibt.

7.4.3 Net Initial Yield (Nettoanfangsrendite)

Berechnung:

$$Net\ Initial\ Yield = \frac{Jahresnettomiete\ (\ Ist\ ) - nicht\ umlagefähige\ Bewirtschaftungskosten}{Nettokaufpreis + Erwerbsnebenkosten} \cdot 100$$

Der Betrag über dem Bruchstrich ist der Jahresreinertrag der Immobilie im Zeitpunkt des Erwerbs (= Net Operating Income). Unter dem Bruchstrich steht die gesamte Investitionssumme. Man stellt also den anfänglichen Reinertrag der Summe gegenüber, die für die Investition in die Immobilie erforderlich ist.

● **TIPP**

Der Unterschied der Nettoanfangsrendite zur Kennzahl ARY liegt in Folgendem: Bei ARY wird eine Vollvermietung unterstellt bzw. fiktiv berechnet. Die Net Initial Yield dagegen setzt die Ist-Miete an. Bei einem vollvermieteten Objekt lägen beide Kennzahlen eng zusammen, der Unterschied bestünde dann nur noch in den Erwerbsnebenkosten im Nenner.

Nicht umlagefähige Betriebskosten sind durch den Vermieter zu tragen und können nicht der Miete zugeschlagen werden. Wichtige Positionen, die nicht umlagefähig sind, wären

- Verwaltungskosten, Kosten, die durch die Erstellung der Betriebskostenabrechnung entstehen,
- Kosten des Geldverkehrs,
- Kosten einer Mietausfallversicherung,
- Reparaturen zum Erhalt der Mietsache,
- Telefon- und Portokosten.

Diese Kosten mindern die Mieteinnahmen und sind deshalb von der Jahresnettomiete abzuziehen.

Klassische Erwerbsnebenkosten sind:

- Grunderwerbsteuer
- Notar- und Gerichtskosten, z. B. zum Eintrag einer Grundschuld
- Maklerprovisionen

Pro und Contra

Die Nettoanfangsrendite ist leicht zu ermitteln und hat hohe Praxisrelevanz. Unter der Bezeichnung „Net Initial Yield" ist sie auch international breit eingeführt. Jedoch werden wichtige qualitative Merkmale wie Lage oder Mietniveau nicht in die Betrachtung einbezogen. Eventuelle Mietsteigerungspotenziale werden ebenfalls nicht berücksichtigt — es handelt sich um einen reinen Stichtagswert zum Zeitpunkt des Erwerbs.

Wenn Jahresreinertrag und Gesamtinvestitionskosten bekannt sind, eignet sich die Nettoanfangsrendite gut als Vergleichsmaßstab für verschiedene potenzielle Investments in Immobilien.

! **ACHTUNG**

Der Kehrwert der Net Initial Yield ist der bereits erwähnte Mietenmultiplikator.

Berechnet man die Net Initial Yield auf Basis der künftigen Mieterwartungen Jahr für Jahr neu, erhält man eine Kennzahl, die als „Running Yield" (oder „Current Yield") bezeichnet wird. Die ursprünglichen Nettoinvestitionskosten bleiben gleich, nur die Mieteinnahmen im Zähler steigen. Auf diese Weise kann man die (künftig zu erwartende) Wirtschaftlichkeit der Immobilie aufzeigen.

7.4.4 Exit Yield (Terminal Yield)

Berechnung:

$$Exit\,Yield = \frac{prognostizierte\ Nettomieteinnahmen_t}{prognostizierter\ Verkaufspreis\ ohne\ Nebenkosten_t} \cdot 100$$

Das tiefgestellte t symbolisiert den in der Zukunft liegenden Zeitpunkt eines Verkaufs.

Die Exit Yield ist eine Prognosekennzahl und demzufolge mit der allen Prognosen innewohnenden Ungenauigkeit behaftet. Je weiter der avisierte Verkaufszeitpunkt in der Zukunft liegt, desto ungenauer werden die mit ihm in Verbindung stehenden Annahmen. Die Exit Yield kann demzufolge lediglich geschätzt werden auf Basis von

- plausiblen Annahmen hinsichtlich der Marktentwicklung und von
- Prognosen sonstiger wertbeeinflussender Umstände.

! ACHTUNG

Wenn die Exit Yield zum Zeitpunkt eines tatsächlichen Verkaufes bestimmt wird, ist sie natürlich exakt bestimmbar. Im Allgemeinen dient diese Kennzahl aber der Prognose künftiger Verkaufserlöse und ist demzufolge unsicher. Sie kann mit anderen künftigen Exit Yields verglichen werden, die aber alle ebenso ungenau geschätzt wurden.

Mithilfe der Exit Yield wird die voraussichtliche Wertentwicklung einer Immobilie eingeschätzt. Sie ist damit das Äquivalent zur Bruttoanfangsrendite im Zeitpunkt des Kaufes.

▶ BEISPIEL: Exit Yield

Zum Erwerbszeitpunkt liegen die Nettomieteinnahmen einer Büroimmobilie bei 1.190.000 EUR pro Jahr, der Nettokaufpreis (ohne Berücksichtigung von Erwerbsnebenkosten) beträgt 17.500.000 EUR. Damit ergibt sich eine Bruttoanfangsrendite von

$$\frac{1.190.000}{17.500.000} \cdot 100 = 6,8\%$$

Der Investor plant einen Weiterverkauf nach zehn Jahren und rechnet zu diesem Zeitpunkt mit jährlichen Nettomieteinnahmen von 1.262.000 EUR. Als erzielbarer Verkaufspreis in zehn Jahren werden 20.000.000 EUR angenommen, sodass sich eine Exit Yield von etwa 6,3 % ergibt. Wie lässt sich die obige Rechnung interpretieren?

Der heutige Investor nimmt an, dass in zehn Jahren ein Käufer bereit sein wird, das Objekt mit einer um 0,5 Prozentpunkte unter der heutigen Bruttoanfangsrendite liegenden Rendite zu kaufen. Je niedriger die Exit Yield angesetzt werden kann, desto höher ist die Gesamtrendite für den heutigen Investor.

Ableitung eines künftigen Marktwertes aus der Exit Yield

Im obigen Beispiel wurde der mögliche künftige Verkaufspreis einfach geschätzt. Daraus ergab sich dann eine Exit Yield, von der man annimmt, dass sie von einem künftigen Käufer als Bruttoanfangsrendite akzeptiert wird. Man kann diesen Weg aber auch in anderer Richtung gehen:

Die Exit Yield ist die Rendite, zur der künftige Investoren bereit sein werden, die Immobilie zu erwerben. Oft kann man davon ausgehen, dass auch potenzielle Investoren zum Zeitpunkt eines Verkaufes (hier in zehn Jahren) nicht bereit sein werden, eine niedrigere Rendite in Kauf zu nehmen.

Aus dieser Annahme und einer Hochrechnung der künftigen Mieteinnahmen kann man nun einen voraussichtlichen Marktwert des Objektes zum Verkaufszeitpunkt errechnen. Aus den künftigen Mieteinnahmen wird der Wert, der bei Vollvermietung unter normalen Umständen erzielt werden kann, berechnet. Diese Größe heißt „Estimated Rental Value" (siehe dort).

Berechnung des künftigen Marktwertes zum Zeitpunkt t:

$$Marktwert_t = \frac{Estimated\ Rental\ Value_t}{Exit\ Yield_t} \cdot 100$$

> **BEISPIEL: Künftiger Marktwert zum Zeitpunkt t**
>
> Unter der Annahme, dass der Estimated Rental Value den prognostizierten Nettomieteinnahmen von 1.262.000 EUR pro Jahr entspricht und die zu erzielende Exit Yield 6,8 % betragen muss, ergibt sich ein künftiger Marktwert von
>
> $$Marktwert_t = \frac{1.262.000}{6,8} \cdot 100 \approx 18.823.000 \text{ €}$$

Aus diesem Beispiel ist ersichtlich, welchen hohen Einfluss die Annahme einer bestimmten Exit Yield auf den künftigen Marktwert einer Immobilie hat. Einerseits ist sie eine eingeführte und häufig verwendete Größe, andererseits ist sie äußerst unsicher, zumal der Betrachtungszeitraum oft weit in der Zukunft liegt. Demzufolge sollte man die Annahmen stets kritisch hinterfragen. Trotzdem lassen sich die Größen nicht exakt verifizieren oder widerlegen.

7.4.5 Interner Zinsfuß (Internal Rate of Return – IRR)

Der interne Zinsfuß wird auch als „interne Kapitalverzinsung" (IKV) bezeichnet. Wenn auch unter investitionstheoretischen Gesichtspunkten die Aussage nicht ganz korrekt ist, stellt er doch die auf der Basis von künftigen Cashflows berechnete Rendite eines Projektes mindestens näherungsweise dar.

> **Definition: Interner Zinsfuß**
>
> Der interne Zinsfuß r einer Cashflow-Reihe ist derjenige Kalkulationszinssatz, bei dem der Kapitalwert (Net Present Value — NPV)[44] der Zahlungsreihe gleich Null ist.

---

[44] Zum Kapitalwert siehe u. a. Geyer, Praxiswissen BWL (2. Auflage), 2013b, S. 358 f.

Basis ist die Formel zur Berechnung des Kapitalwertes:

$$NPV = \sum_{t=0}^{n} \frac{Cashflow_t}{\left(1+r\right)^t}$$

NPV = Kapitalwert (Net Present Value)
t = Jahr
n = Anzahl der Jahre
r = interner Zinsfuß

Diese Gleichung wird gleich Null gesetzt und nach r umgestellt. Bei zwei Jahren Investitionsdauer erhält man eine quadratische Gleichung, die mit etwas mathematischen Kenntnissen noch zu lösen ist. Bei längeren Investitionslaufzeiten, wie sie bei Immobilieninvestitionen üblich sind, erhält man Gleichungen n-ter Ordnung mit n verschiedenen möglichen Lösungen. Dann wird die Rechnung deutlich schwieriger.

Die Berechnung erfolgt nun auf iterativem Wege.[45] Da dies recht mühsam ist, empfiehlt sich die Nutzung eines Tabellenkalkulationsprogramms, bspw. Excel. Dort findet man die Berechnung unter der Funktion „IKV".

▶ **BEISPIEL: Berechnung des internen Zinsfußes**

Für eine Immobilieninvestition sind folgende Cashflows prognostiziert, die sämtliche Ein- und Auszahlungen einschließlich der Anschaffungsauszahlung und des prognostizierten Terminal Value umfassen:

Jahr	Cashflow (in TEUR)
0	- 5.500
1	+ 317
2	+ 452
3	+ 582
4	+ 686
5	+ 8.500

---

[45] Beschreibung der Vorgehensweise siehe Wöltje, 2012, S. 338 f.

Negative Cashflows bedeuten eine Auszahlung, hier im Jahr 0 (also heute) eine Investitionssumme von 5,5 Mio. EUR. Nach fünf Jahren soll die Immobilie wieder verkauft werden. Die Summe aus Mieteinnahmen des Jahres und der erlöste Restwert (Terminal Value) durch Wiederverkauf wird mit 8,5 Mio. EUR prognostiziert.

Die Berechnung mit Excel ergibt einen internen Zinsfuß von 16 %. Das heißt, dass sich das in diese Immobilie investierte Kapital mit durchschnittlich 16 % pro Jahr verzinst – unter der Voraussetzung, dass die prognostizierten Cashflows auch so eintreten.

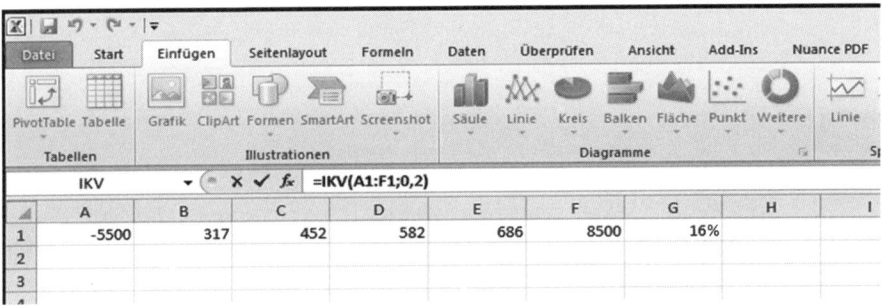

Abb. 5: Berechnung des internen Zinsfußes

Mit der internen Zinsfußmethode kann man Investitionsmöglichkeiten unterschiedlicher zeitlicher Strukturen und Gesamtdauern zumindest überschlägig miteinander vergleichen. Aus diesem Grund wird das Verfahren gern angewendet.

● TIPP

Ein interner Zinsfuß für sich genommen ist wenig aussagekräftig. Um zu einer sinnvollen Schlussfolgerung zu kommen (Ist diese spezielle Immobilieninvestition unter Rentabilitätsgesichtspunkten sinnvoll oder nicht?), braucht man einen Vergleichsmaßstab. Das kann z. B. ein Mindestverzinsungsanspruch sein, die IRR-Hurdle Rate.

Probleme bei der Anwendung der IRR-Methode

- Je länger die Prognosezeiträume werden, desto ungenauer werden die prognostizierten Cashflows sein.
- Auch ein positiver interner Zinsfuß schützt nicht vor zwischenzeitlicher Insolvenz wegen Illiquidität. Die Liquidität ist also als zwingende Voraussetzung parallel zu planen und zu prognostizieren.
- Das Rechenmodell ist nicht mehr einfach nachzuvollziehen.
- Die IRR-Methode geht davon aus, dass sämtliche Kapitalrückflüsse (also im obigen Beispiel die Cashflows der Jahre 1 bis 4) bis zum Ende des Betrachtungszeitraums zum internen Zinsfuß reinvestiert werden können. Diese Voraussetzung wird üblicherweise als unrealistisch eingeschätzt.

TIPP

Das letztgenannte Problem der „Wiederanlageprämisse" kann mit einem verfeinerten Modell umgangen werden. Trotzdem bleibt das Problem der Schätzung der Cashflows und der Wiederanlagemöglichkeiten bestehen. In der Praxis wird zumeist das hier vorgestellte einfache Modell angewendet und die damit verbundenen Ungenauigkeiten werden in Anbetracht der Tatsache, dass es sich um Zukunftszahlen handelt, in Kauf genommen.

7.4.6   IRR-Hurdle Rate

Die IRR-Hurdle Rate hängt eng mit dem Verfahren des internen Zinsfußes (IRR) zusammen. Die Hurdle Rate ist der Mindestrenditeanspruch, den ein Investor aufgrund der allgemeinen Marktgegebenheiten und seiner Risikoeinschätzung hat. Erreicht der interne Zinsfuß eines Projektes diese Hurdle Rate nicht, wird es aus wirtschaftlichen Gründen nicht mehr weiterverfolgt.

ACHTUNG

Hierbei handelt es sich um eine rein finanzwirtschaftliche Sichtweise. Verfolgt ein Investor darüber hinaus noch andere Ziele (strategische Investments zur Abrundung seines Portfolios, städtebauliche Ziele, Beteiligungen an Wettbewerben, um nach außen sichtbar am Markt zu bleiben,

Prestigebauten usw.), kann ohne Weiteres auch eine positive Investitionsentscheidung getroffen werden, auch wenn der übliche Mindestverzinsungsanspruch nicht erreicht wird.

Berechnung:

risikofreier Zinssatz
+ Summe der infrage kommenden Risikoaufschläge
+ erwartete Inflationsrate
= Hurdle Rate

Die Hurdle Rate wird in Prozent angegeben und mit der IRR verglichen.

TIPP

Je höher der Anteil des erwarteten Verkaufserlöses an den Gesamtzahlungen und je langfristiger das gesamte Investitionsprojekt geplant ist, desto größer sind auch die Risiken aus der ungenauen Schätzung der Cashflows. Das sollte durch einen angemessenen Risikozuschlag ausgeglichen werden.

8 Kennzahlen zur Beurteilung von Immobilienunternehmen

Haben sich die bisherigen Abschnitte überwiegend mit Kennzahlen und Definitionen zu den Immobilien selbst befasst, sollen nun Kennzahlen in den Mittelpunkt rücken, die die Beurteilung professioneller Immobilienunternehmen in den Mittelpunkt stellen. In einem ersten Teil werden das Kennzahlen sein, die die wirtschaftliche Situation des Unternehmens insgesamt darstellen. Diese Berechnungen unterscheiden sich nicht grundsätzlich von den vergleichbaren Berechnungen zu Unternehmen anderer Branchen. Im zweiten Teil werden dann Finanzierungskennzahlen vorgestellt, die sich überwiegend auf die Finanzierung von Immobilienunternehmen beziehen.

Warum ist dieses abschließende Kapitel bedeutsam?

Investoren, Geschäftspartner, Finanzierer, aber auch die Mitarbeiter solcher Unternehmen haben ein begründetes Interesse daran, über die wirtschaftliche Leistungsfähigkeit informiert zu sein.

Die Ertrags- und die Finanzkraft von Immobilienunternehmen sind von den Vermögenswerten, die sie besitzen, nicht zu trennen. Insofern sind die bisher aufgeführten Kennzahlen zu den Assets, den Immobilienbeständen, für die Beurteilung relevant. Aber nicht allein das Vermögen, sondern auch die Art und Weise seiner Finanzierung und das Können des Managements, diese Vermögenswerte sinnvoll einzusetzen, um den Unternehmenswert langfristig zu steigern, sind essenziell.

8.1 Unternehmenskennzahlen

Zunächst geht es darum, sich einen zweckmäßigen Überblick über die Basisdaten eines Immobilienunternehmens zu beschaffen. Grundlage dafür sind in der Regel die veröffentlichten Geschäftsberichte oder andere Jahres- bzw. Quartalszahlen, die der Öffentlichkeit zugänglich sind. Um weiterführende

Analysen überhaupt durchführen zu können, ist es erforderlich, sich über solche Eckdaten zu informieren. Dies könnten beispielsweise sein:

- Anzahl und Größe der im Portfolio vorhandenen Immobilien
- Mietfläche/Gesamtnutzfläche
- Anzahl der Mieteinheiten
- Durchschnittsmiete pro Quadratmeter
- durchschnittlicher Leerstand
- Aufteilung der Immobilien in verschiedene Klassen, wie
  - Wohnungen,
  - Büroeinheiten,
  - Gewerbeeinheiten,
  - Beherbergungsstätten (Hotels, Pensionen),
  - Logistikimmobilien,
  - Parkhäuser, Stellplätze,
  - Einzelhandelsimmobilien
- regionale Verortung
- ...

Darüber hinaus kann man den Geschäftsberichten Daten entnehmen über

- Investitionen in Immobilien,
- Verkäufe von Immobilien und
- durch Abverkäufe erzielte Gewinne bei Bauträgern (in Form des Bauträgergewinns oder „Trading Profit"). Er wird nach folgender Formel berechnet:

$$Bauträgergewinn\,in\,\% = \frac{Verkaufserlöse - Gesamtinvestitionskosten}{Gesamtinvestitionskosten} \cdot 100$$

TIPP

Wichtig ist dabei, dass immer nur Gleiches mit Gleichem verglichen wird: Es ist wenig sinnvoll, eine Wohnungsgesellschaft direkt mit einem Projektentwickler oder einem Bauträger zu vergleichen. Die verwendeten Kennzahlen werden dabei sicherlich sehr unterschiedlich ausfallen.

Problematisch ist generell, dass es sich bei den veröffentlichten Kennzahlen um Stichtagswerte handelt und weitere ergänzende Informationen nur begrenzt zur Verfügung stehen. Es ist nicht ersichtlich, inwieweit bei der Berechnung der ausgewiesenen Kennzahlen Bilanzpolitik oder die Wahrnehmung von Wahlrechten eine Rolle gespielt haben.

8.1.1 Renditekennzahlen (Returns)

> **! WICHTIG**
>
> Für die folgenden Kennzahlen zur Rendite (Return) gibt es nicht immer eine verbindliche Definition. Adjustierungen in Zähler und Nenner sind möglich. Achten Sie deshalb immer darauf, auf welche Weise die Kennzahlen im konkreten Fall berechnet worden sind, damit Sie bei einem Vergleich keine falschen Schlussfolgerungen ziehen.

8.1.1.1 Gesamtkapitalrentabilität

Mit der Gesamtkapitalrentabilität wird die Verzinsung des eingesetzten Kapitals bestimmt, d. h. die Wirtschaftlichkeit sowohl des Eigen- als auch des Fremdkapitals in seiner aktuellen Zusammensetzung.

Berechnung:

$$Gesamtkapitalrentabilit\ddot{a}t = \frac{Jahres\ddot{u}berschuss + Steuern + Zinsen\,auf\,das\,Fremdkapital}{Bilanzsumme} \cdot 100$$

In dieser Kennzahl werden alle Bereiche des Unternehmens erfasst: Der Jahresüberschuss enthält das Ergebnis aller betrieblichen und auch der nicht betriebsnotwendigen Tätigkeit. Steuern und die Zinsen auf das Fremdkapital gehen an Bereiche außerhalb des Unternehmens – den Staat und die Fremdkapitalgeber, also in der Regel die Banken. Sie wurden aber ebenfalls durch das Unternehmen erwirtschaftet, werden dem Jahresüberschuss also wieder zugeschlagen.

Unter dem Bruchstrich steht die Bilanzsumme, die die Summe aus dem Eigen- und dem Fremdkapital des Unternehmens, mithin das Gesamtkapital verkörpert.

▶ **BEISPIEL: Gesamtkapitalrentabilität**

Das Immobilienunternehmen S&R GmbH weist folgende Zahlen aus:

Jahresüberschuss (nach Steuern):	1.743 TEUR
Steuern von Einkommen und Ertrag:	944 TEUR
Zinsen und ähnliche Aufwendungen:	3.717 TEUR
Bilanzsumme:	268.230 TEUR

Daraus errechnet sich eine Gesamtkapitalrentabilität von etwa 2,4 %.

Die Gesamtkapitalrentabilität gibt einen guten Überblick über die Rendite alles eingesetzten Kapitals im Betrachtungszeitraum. Für sich genommen ist sie aber nur begrenzt aussagefähig. Üblicherweise wird sie in ihrer zeitlichen Entwicklung betrachtet, also bspw. über die letzten acht Jahre. Ein Vergleich mit anderen Unternehmen ist grundsätzlich möglich, aber oft nicht sehr sinnvoll. Eine befriedigende Aussage ergibt sich nur, wenn die Unternehmen hinsichtlich der Größe, der Geschäftsfelder, der Finanzierungsstruktur und anderer relevanter Kenngrößen auch wirklich vergleichbar sind.

● **TIPP**

Die obige Berechnungsvorschrift zur Gesamtkapitalrentabilität ist zwar allgemein üblich, aber nicht gesetzlich vorgeschrieben. So gibt es Autoren, die die Steuerlast miteinbeziehen, also auf die Addition der Steuern zum Jahresüberschuss verzichten.[46]

Problematisch bei der Verwendung der Gesamtkapitalrentabilität ist die Abhängigkeit von bilanzpolitischen Entscheidungen. Darüber hinaus ist die Aussagefähigkeit stark eingeschränkt, wenn das Unternehmen die Projektentwicklung bzw. Bauträgertätigkeit zum Gegenstand hat: Über einen längeren Zeitraum bauen sich Bestände an unfertigen Leistungen auf, der Gewinn wird erst bei Projektabschluss realisiert. Das hat starke Schwankungen in der ausgewiesenen Höhe der Bilanzpositionen zur Folge.

---

[46] siehe zum Beispiel Wendlinger, 2012, S. 259

8.1.1.2 Return on Investment (ROI)

Auch beim ROI wird eine Rendite auf das eingesetzte Kapital berechnet, jedoch gibt es gegenüber der Gesamtkapitalrentabilität einige Unterschiede.

Berechnung:

$$Return\,on\,Investment = \frac{EBIT}{Eigenkapital + langfristiges\,Fremdkapital} \cdot 100$$

Die Größe im Zähler ist das EBIT (Earnings before Interest and Taxes). Das ist das operative Ergebnis vor Fremdkapitalzinsen und Steuern. Der Unterschied zum Zähler der Gesamtkapitalrentabilität besteht darin, dass das EBIT nur das operative Ergebnis umfasst. Ein eventuell vorhandenes „neutrales Ergebnis" wird also nicht berücksichtigt.

Das neutrale Ergebnis (das hier herausgerechnet wird) umfasst

- das periodenfremde (also in einem anderen Geschäftsjahr verursachte) Ergebnis,
- das einmalige Ergebnis (also ein Ergebnis, das nicht regelmäßig, sondern nur einmalig auftritt). Das könnte u. a. eine Abschreibung aufgrund eines Naturereignisses sein, beispielsweise die Zerstörung einer Immobilie durch Hochwasser.
- das nicht betriebsbedingte Ergebnis. Nicht betriebsbedingt sind beispielsweise Aufwendungen als Sponsor.

TIPP

Ob Sponsoring Werbeaufwand oder reines Sponsoring aus sozialen, ethischen oder anderen Gründen ist, lässt sich nicht immer exakt trennen.

Im Nenner steht nicht mehr die Bilanzsumme, sondern nur das Eigenkapital und das langfristige Fremdkapital. Was nicht mehr auftaucht, ist das kurzfristige, nicht zinstragende Fremdkapital, z. B. die Verbindlichkeiten aus noch nicht bezahlten Rechnungen durch das Ausnutzen von Zahlungszielen.

Verfälschungen können hier, ebenso wie bei der Gesamtkapitalrentabilität, durch Ermessensspielräume bei der Erstellung des Jahresabschlusses auftreten.

8.1.1.3 Return on Capital Employed (ROCE)

Return on Capital Employed ist die Rendite auf das gebundene Kapital. Kapital ist gebunden im

- Anlagevermögen (Grundstücke, Gebäude, Fahrzeuge, IT-Technik und andere Betriebsmittel) und in
- Teilen des Umlaufvermögens, nämlich im Working Capital.

! WICHTIG

Das Working Capital ist der langfristig finanzierte Teil des Umlaufvermögens. Der Gedanke dahinter ist: Zwar verändert sich die Zusammensetzung des Umlaufvermögens in Form von Vorräten, unfertigen Bauten, Forderungen, liquiden Mitteln usw. permanent, aber letztlich ist immer ein bestimmter Bodensatz vorhanden und auch nötig. Dieses Working Capital muss langfristig finanziert werden, um Liquiditätsproblemen zu entgehen.

Berechnung:

$$Return\,on\,Capital\,Employed = \frac{EBIT}{Anlagevermögen + Working\,Capital} \cdot 100$$

Hierbei wird der rein operative Erfolg bewertet. Es erfolgt eine Bereinigung um Ergebnisbestandteile, die nicht dem operativen betrieblichen Prozess dienen, aber auch um die Vermögenswerte, die nicht betrieblich notwendig sind.

Ein Nachteil besteht darin, dass — wie bei den anderen genannten Returns auch — buchhalterische und keine Marktwerte die Basis der Berechnung sind.

! **ACHTUNG**

Das Finanzergebnis findet keinen Niederschlag im ROCE. Darüber hinaus ist zu beachten: Wenn ein Unternehmen nicht oder nicht ausreichend investiert (sowohl in das Anlagevermögen als auch in das Working Capital), reduziert sich das Capital Employed. Im Gegenzug erhöht sich die Rendite. Das ist allerdings nur eine kurzfristige Wirkung, da bei einem Aufzehren des „Kapitalstocks", also der Ausstattung mit den notwendigen Vermögenswerten, mittel- und langfristig auch keine adäquate Erwirtschaftung des Erfolges in Form des EBITs möglich sein wird.

8.1.1.4 Return on Invested Capital (ROIC)

ROIC ähnelt dem ROI. Aber auch hier gibt es einige Adjustierungen in Zähler und Nenner.

Berechnung:

$$Return\,on\,Invested\,Capital = \frac{NOPAT}{investiertes\,Kapital} \cdot 100$$

Die Adjustierungen bestehen in Folgendem:

Beim NOPAT (Net Operating Profit after Taxes) handelt es sich um den operativen (also aus der allgemeinen betrieblichen Tätigkeit resultierenden) Gewinn nach Steuern, aber ohne Berücksichtigung von Zinszahlungen. Damit wird der steuerliche Effekt des Fremdkapitals eliminiert — es wird so getan, als sei das Unternehmen komplett mit Eigenkapital finanziert.

● **TIPP**

Abgesehen von einigen hier vernachlässigbaren Feinheiten kann man sagen: $NOPAT = EBIT - Steuern$.

Unter dem investierten Kapital versteht man

- Eigenkapital,
- langfristige Rückstellungen und
- verzinsliches Fremdkapital.

Damit ist das investierte Kapital der Teil des Kapitals, der

- dem originären Geschäftszweck dient und
- Kapitalkosten verursacht.

Der Return on Invested Capital muss langfristig über den Kapitalkosten des Unternehmens (Weighted Average Costs of Capital — WACC) liegen, denn nur dann werden die Kapitalkosten „verdient" und im Unternehmen Werte geschaffen.

8.1.1.5 Return on Equity (ROE)

Return on Equity ist die Rendite des Eigenkapitals.

Berechnung:

$$Return\,on\,Equity = \frac{Jahres\ddot{u}berschuss}{bilanzielles\ Eigenkapital} \cdot 100$$

Der Jahresüberschuss (nach Steuern) ist der Überschussanteil, der den Eigenkapitalgebern zusteht. Er ist der „Rest" nach den Zinszahlungen an die Fremdkapitalgeber und den Steuerzahlungen an den Staat. Um ihn zu erwirtschaften, wird Eigenkapital (Common Equity) benötigt, das in der Bilanz als

- gezeichnetes Kapital (Stammkapital, Grundkapital),
- Kapitalrücklage,
- Gewinnrücklagen (in verschiedenen Ausprägungen) und
- Gewinnvortrag,

bereinigt um eventuelle Verlustvorträge und einen ggf. erwirtschafteten Jahresfehlbetrag, auftaucht.

Die Eigenkapitalrendite hat branchenübergreifend eine hohe Aussagekraft. Andererseits bleibt das Fremdkapital unberücksichtigt.

TIPP

Immobilienunternehmen haben oft überdurchschnittlich hohe stille Reserven. Das liegt daran, dass Grundstücke im Zeitablauf nicht automatisch an Wert verlieren — im Gegenteil: Tendenziell sind Wertsteigerungen zu verzeichnen. In der Bilanz werden Immobilien aber grundsätzlich zu den historischen Anschaffungskosten (abzüglich der Abschreibungen für das Bauwerk) ausgewiesen, sodass die bilanziell ausgewiesenen Werte zumeist unterhalb der Marktwerte liegen.

Das Vorhandensein von stillen Reserven verfälscht den Ausweis der Eigenkapitalrendite, deren Berechnung das bilanzielle Eigenkapital zugrunde liegt.

ACHTUNG

Durch das Ausnutzen des „Leverage-Effektes"[47] (sog. „Hebeln") kann die Rendite des Eigenkapitals allein durch die Wahl der Finanzierungsstruktur erhöht werden. Das geht nicht unbegrenzt und auch nur im Rahmen bestimmter Bandbreiten, und zwar dann, wenn der Zinssatz für die Aufnahme von Fremdkapital unter der Gesamtkapitalrendite des Unternehmens liegt. Die damit verbundene Erhöhung der Eigenkapitalrendite geht aber mit einem erhöhten Risiko einher.

8.1.1.6 Total Return

Der Total Return ist die Performance eines Immobilienvermögens. Diese Performance ist die Summe aus

- der Netto-Cashflow-Rendite und
- der Wertänderungsrendite.

---

[47] vgl. Geyer, Praxiswissen BWL (2. Auflage), 2013b, S. 365 f.

Damit wird einerseits berechnet, welcher Anteil der Performance den Investoren in Form von liquiden Mitteln (Cash) zufließt, und andererseits, welcher Renditeanteil auf Wertveränderungen zurückzuführen ist.

! WICHTIG

Die Wertveränderungen sind noch nicht realisiert. Man kann das mit der Wertentwicklung eines Wertpapierdepots vergleichen: Erhöhungen der Kurse vergrößern das Depot. Aber erst dann, wenn man ein Wertpapier auch verkauft, hat man diese Werterhöhung realisiert und dafür bares Geld erhalten.

Berechnungen[48]:

$$Netto\text{-}Cashflow\text{-}Rendite_t = \frac{Nettomieteinnahmen_t}{gebundenes\,Kapital} \cdot 100$$

$$Wertänderungsrendite_t = \frac{Wertentwicklung\,des\,Jahres - werterhöhende\,Investitionen_t}{gebundenes\,Kapital} \cdot 100$$

$$Total\,Return = Netto\text{-}Cashflow\text{-}Rendite + Wertänderungsrendite$$

t = des Jahres t

Das gebundene Kapital berechnet sich aus der Summe von

- Verkehrswert zum Zeitpunkt t-1 (also vor einem Jahr) und
- werterhöhenden Investitionen des Jahres
- abzüglich der Hälfte der Nettomieteinnahmen.

Die Berechnung des Total Return behandelt Projektentwicklungen ebenso wie werterhöhende Investitionen. Demzufolge kann die Kennziffer sowohl für Projektentwickler als auch für Bestandhalter oder eine Kombination aus beidem angewendet werden.

---

[48] in Anlehnung an Schulte, 2008, S. 827

! ACHTUNG

Der Total Return ist nicht zu verwechseln mit der Gesamtkapitalrentabilität. Diese bezieht sich auf Bilanzkennzahlen, während der Total Return die Summe aus der Cashflow-Rendite und der Wertentwicklungsrendite darstellt.

Zusammenfassung zu den Renditekennzahlen

Jede der hier genannten Renditekennzahlen hat ihre Berechtigung. In allen Fällen werden das wirtschaftliche Ergebnis und der dafür erforderliche Einsatz von Kapital einander gegenübergestellt. Die auf diese Weise ermittelte Prozentzahl muss größer sein als der (ebenfalls in Prozent ausgedrückte) Aufwand für die Beschaffung des Kapitals. Unterschiede zwischen den einzelnen Returns liegen in den genauen Abgrenzungen der Größen in Zähler und Nenner.

Eine absolute Aussage aus den einzelnen Returns ist jedoch nicht abzuleiten. Sie sind immer im Zusammenhang mit anderen Kennzahlen zu sehen. Beeinträchtigt wird die Aussage der Kennzahlen auch dadurch, dass bilanzielle Werte zugrunde liegen, die in gewissem Maße Ermessensspielräume zulassen.

Sinnvoll ist jedoch der Vergleich der zeitlichen Entwicklung der einzelnen Kennzahlen über einen Zeitraum von fünf bis acht Jahren.

8.1.2 Sonstige Unternehmenskennzahlen

Die hier aufgeführten Kennzahlen können nur eine Auswahl darstellen. Generell sollte man bei der Analyse und Interpretation von Kennzahlen auf Folgendes achten:

- Sind die Kennzahlen aktuell? Jahresabschlüsse werden in der Regel mehrere Monate nach Abschluss des Geschäftsjahres veröffentlicht. Die Daten sind dann nur noch bedingt für eine Analyse der aktuellen Situation geeignet. Andererseits sind die von Unternehmen teilweise veröffentlichten Quartals- und Halbjahreszahlen weniger detailliert als die Daten aus dem Jahresabschluss. Die veröffentlichten Kennzahlen sind also immer vergangenheitslastig.

- Welche Rechnungslegungsstandards wurden angewendet? Durch verschiedene Wahlmöglichkeiten und Ermessensspielräume sind einige der ausgewiesenen Kennzahlen interpretationsbedürftig. Teilweise sind die anzuwendenden Rechnungslegungsvorschriften so kompliziert, dass einerseits verschiedene Organisationen unterschiedliche „Best Practices" favorisieren und dass andererseits die Interpretation bestimmter Kennzahlen so komplex ist, dass bei jeder weiteren Kennzahl kaum noch ein Erkenntnisgewinn zu verzeichnen ist.

Trotzdem sollte man die wesentlichen Kennzahlen von Immobilienunternehmen kennen. Dazu soll der folgende Überblick dienen.

8.1.2.1 Net Asset Value (NAV), Double NAV, Triple NAV

Der Net Asset Value ist der sog. Nettoinventarwert eines Immobilienunternehmens. Grob gesagt stellt er den Gesamtwert des Vermögens abzüglich der darauf lastenden Schulden dar.

Berechnung:

$$\textit{Net Asset Value = Summe des Konzernvermögens – Fremdkapital}$$

Das Vermögen wird dabei nicht anhand der bilanziellen Ausweise erfasst, sondern durch externe Sachverständige in seiner Substanz (siehe „Substanzwert") bewertet. Davon werden die Schulden abgezogen, sodass man den fundamentalen Wert des Unternehmens erhält. In dieser Bewertung sind eventuell vorhandene stille Reserven enthalten.

Ist das Unternehmen börsennotiert, kann man den NAV mit dem Börsenwert (das ist die Börsenkapitalisierung = Kurs einer Aktie × Anzahl der Aktien) vergleichen. Je nachdem, ob die Börsenkapitalisierung höher oder niedriger als der NAV ist, ist das Unternehmen an der Börse über- oder unterbewertet.

TIPP

Elemente wie die Risikostruktur oder die Finanzierungsstruktur gehen in den Börsenwert, nicht aber in den NAV ein. Demzufolge kann eine Differenz zwischen NAV und Börsenwert ihre Ursache in einer nicht sachgerechten Bewertung, aber auch in der Tatsache, dass Aktionäre den Wert ihres Investments auch unter Risikoaspekten sehen, haben.

Externe Analysten korrigieren den NAV in der Regel für ihre Belange nochmals. Zu- oder Abschläge werden z. B. begründet durch

- die Qualität des Managements (was nicht immer objektiv einzuschätzen ist),
- das Einhalten von Transparenzanforderungen (zeitnahe Vorlage von Unternehmenskennzahlen),
- Zugangsmöglichkeiten zu weiterem Kapital oder
- die Beschränkung (oder Nichtbeschränkung) auf
    - Kernkompetenzen,
    - Kernmärkte.

Wird der Substanzwert des Vermögens nicht durch Sachverständige ermittelt, kann der NAV auch aus den bilanziellen Werten abgeleitet werden. Dafür gibt es verschiedene Berechnungsempfehlungen, die nicht immer in allen Details übereinstimmen. Beispielsweise weicht die Berechnungsformel der EPRA[49] leicht von der Berechnungsvorschrift nach Bienert/Tatzl ab, wie sie Wendlinger zitiert[50]:

---

[49] EPRA, 2011, S. 9 ff.
[50] Wendlinger, 2012, S. 234 f.

Buchwerte
+/- Wertdifferenz zwischen Markt- und Buchwerten für
    a) eigengenutzte Immobilien (IAS 16)
    b) Immobilien in Entwicklung (IAS 16 oder IAS 5)
    c) als Finanzanlage gehaltene Immobilien (IAS 40)
    d) Vorratsimmobilien
+   Marktwerte von Beteiligungen (Finanzanlagen)
+/- sonstige Aktiva/Passiva
-   Buchwerte des Fremdkapitals
=   NAV (Net Asset Value)
-   latente Steuern aus der Auflösung der stillen Reserven aus der
    Markt- und Buchwertdifferenz
=   NNAV (Net Net Asset Value)
+/- Wertdifferenz zwischen Markt- und Buchwert des Fremdkapitals
    inkl. Fair Value von Finanzinstrumenten
=   NNNAV (Triple Net Asset Value)

Das Ziel bleibt dabei, den fairen Wert der Vermögensgegenstände zu ermitteln und darzustellen. Als Prämissen gelten dabei die Fortführung des Unternehmens und der Charakter als Bestandhalter.

Der Net Asset Value ist in den genannten Ausprägungen eine Schlüsselkennzahl in der Beurteilung börsennotierter Immobilienunternehmen. Zum Vergleich verschiedener börsennotierter Unternehmen wird der Net Asset Value gern als „Net Asset Value per Share" angegeben:

Berechnung:

$$Net\ Asset\ Value\ per\ Share = \frac{NAV}{Anzahl\ der\ Aktien}$$

8.1.2.2 Funds from Operations (FFO)

Funds from Operations sind die Finanzmittel, die aus dem operativen Geschäft einer Immobiliengesellschaft entstanden sind oder, anders formuliert, der Überschuss, der nachhaltig und wiederkehrend erwirtschaftet wird und damit für die Ausschüttung oder für Investitionen zur Verfügung steht. Die FFO stammen aus

- dem Geschäft der Immobilienbewirtschaftung und (wenn man sich dafür entschieden hat, diesen Bereich ebenfalls einzubeziehen)
- dem Handelsgeschäft mit Immobilien.

Die FFO können (wie auch der Cashflow) auf

- direktem Weg aus den Nettomieteinnahmen oder auf
- indirektem Weg durch Rückrechnung aus dem Jahresüberschuss

ermittelt werden.

Berechnung auf direktem Weg

	Nettomieteinnahmen
-	Bewirtschaftungskosten
-	Sach- und Verwaltungsaufwendungen
-	Personalaufwendungen
-/+	sonstige operative Aufwendungen/Erträge
+	Erträge aus Immobilienbeteiligung
+	Erträge aus Haubewirtschaftung (Immobilienverwaltung)
-	Finanzierungsaufwand
=	Funds from Operations

! ACHTUNG

Nicht in die Berechnung einbezogen werden Größen wie
- Zuschreibungen durch Bewertung (noch nicht realisiert) und
- Gewinne/Verluste aus Immobilienverkäufen.

Beides ist nicht dem operativen Geschäft einer Immobiliengesellschaft zuzuordnen und kann deshalb kein nachhaltiges Bild über die tatsächlichen dauerhaften Erträge aus dem Immobilienportfolio abgeben.

In der Mehrzahl der Fälle werden die FFO indirekt ermittelt, indem das Ergebnis des Unternehmens um die nicht Cash-wirksamen Ergebnisbestandteile bereinigt wird.

● TIPP

Der Rechenweg ist nicht einheitlich. Je nach dem Rechnungslegungsstandard IFRS oder den Empfehlungen nach EPRA gibt es unterschiedliche Annahmen. Insbesondere betrifft das die Frage, ob der (gewinnbringende) Handel mit Immobilien zum Kerngeschäft einer bestandshaltenden Immobiliengesellschaft gehört oder nicht. Auch wird immer noch kontrovers diskutiert, ob Verluste aus der Zeitwertanpassung von Immobilien ein Bestandteil der FFO sind.

Berechnung auf indirektem Weg

	Earnings before Taxes (operatives Ergebnis vor Steuern)
-	Nettogewinn aus Zeitwertanpassung
+/-	Verluste (-) bzw. Gewinne (+) aus Verkäufen
+	Abschreibungen
+/-	nicht Cash-wirksame Teile des Finanzergebnisses und Investitionsaufwand
=	FFO
+	Verluste aus Zeitwertanpassung
=	FFO, bereinigt um nicht Cash-wirksame Teile
-	Ertragsteuern
=	FFO nach Steuern

❗ WICHTIG

Da es keine abschließende Klarheit über die genaue Berechnung der FFO gibt, eignen sie sich nicht zum Vergleich zwischen verschiedenen Unternehmen. Wenn eine Veröffentlichung durch das Unternehmen erfolgt — das ist nicht durchgängig der Fall —, ist nicht ersichtlich, welche Bereinigungen erfolgt sind. Sinnvoll ist jedoch eine Betrachtung im Zeitablauf.

Aus den FFO abgeleitete Kennzahlen

$$Anteil\,der\,FFO\,an\,den\,Earnings\,before\,Taxes = \frac{FFO}{EBT} \cdot 100$$

Hiermit wird der Anteil der operativen und zahlungswirksamen Finanzmittel an den EBT gemessen.

$$FFO\,pro\,Aktie = \frac{FFO}{(durchschnittliche)\,Anzahl\,der\,Aktien}$$

FFO pro Aktie ist ein Vergleichsmaßstab bezüglich der operativen Cash-Ertragskraft — unter der Voraussetzung, dass die FFO nach dem gleichen Schema ermittelt worden sind. Auf diese Weise wird die Finanzmittelstärke je Aktie verdeutlicht und damit ein Indikator für die Sicherheit eines Investments in diese Gesellschaft gegeben. Die Definition bringt es mit sich, dass diese Kennzahl nur für börsennotierte Immobiliengesellschaften ermittelt werden kann.

Zusammenfassung: Die FFO konkurrieren in gewisser Weise mit der Kennzahl „Operativer Cashflow". Diese Kennzahl stammt aus dem Bereich, in dem die US-GAAP als Rechnungslegungsstandard dienen, und ist demzufolge stark auf US-amerikanische Verhältnisse zugeschnitten. Trotzdem wird sie auch in Deutschland zunehmend angewendet. Sie zeigt die Stärke des operativen Geschäfts mit dem Schwerpunkt der Vermietungstätigkeit an.

8.1.2.3 Kurs-Gewinn-Verhältnis (KGV)

Das KGV ist eine der am häufigsten verwendeten Kennzahlen, um die Bewertung einer börsennotierten Immobiliengesellschaft zu beurteilen.

Berechnung:

$$KGV = \frac{aktueller\,Aktienkurs}{Gewinn\,pro\,Aktie}$$

● TIPP

Das KGV wird zumeist nicht als Prozentzahl angegeben, sondern als dimensionslose Zahl, die angibt, wie viele Jahre lang der aktuelle Gewinn erzielt werden müsste, um den momentanen Börsenkurs zu decken. Oder: Nach wie vielen Jahren hat die Aktie ihren Kaufpreis „verdient"?

Das KGV ist damit eine klassische Sollgröße. Da der Kurs und der Gewinn in den wenigsten Fällen über Jahre gleich bleiben werden, wird sich auch das KGV ändern. Das KGV lässt aber darauf schließen, ob eine Aktie aktuell an der Börse über- oder unterbewertet ist.

Problem bei der Anwendung des KGV für Immobiliengesellschaften

Der Kurs von Immobilienaktien liegt oft über dem Kurs, der durch Bilanzkennzahlen untermauert ist. Das hat seine Ursache vor allem in den üblicherweise vorhandenen stillen Reserven, die oft ein relativ hohes Maß erreichen. Damit ist der faire Substanzwert einer Immobilien-AG höher, als die Bilanzsumme es ausweist.

Aktionäre sind deshalb bereit, einen höheren Betrag pro Aktie zu investieren, weil sie damit rechnen,

- dass sie von künftig höheren Erträgen aus den stillen Reserven profitieren werden und
- dass bei einem Verkauf von Vermögensgegenständen stille Reserven gehoben werden und damit ein höherer Ertrag aus einem Verkauf erzielt werden kann.

Dieses Verhalten bewirkt, dass die Kurse von Immobilienaktien relativ hoch sind und damit ein überdurchschnittliches KGV berechnet wird.

▶ BEISPIEL: Kurs-Gewinn-Verhältnis

Ein KGV von 16-20 gilt in der verarbeitenden Wirtschaft als „gesund". Das wird beispielsweise erreicht, wenn das Unternehmen bei einem Volumen von 10 Mio. Aktien und einem Aktienkurs von 8 EUR einen Jahresüberschuss von 5 Mio. EUR erwirtschaftet. Das sind 0,50 EUR Gewinn pro Aktie.

$$KGV = \frac{8\,Euro}{0,50\,Euro} = 16$$

Der Kurs einer Immobilienaktie soll bei 11 EUR liegen. Bei einem gleichen Gewinn pro Aktie erhöht sich das KGV auf 22.

Nun könnte man annehmen, dass innerhalb der Immobilienbranche die berechneten KGV vergleichbar sein müssten. Aber auch das trifft nicht immer zu. Ein Immobilienunternehmen, das einen größeren Handelsanteil an Immobilien hat, wird die stillen Reserven naturgemäß schneller heben als ein Unternehmen, das seine Immobilien über Jahrzehnte im Bestand hält.

TIPP

Dieses Dilemma ließe sich lösen, wenn die Immobilien jährlich zum fairen Wert bewertet würden. Das bringt aber einerseits einen deutlich höheren Aufwand mit sich und andererseits ist auch bei jährlicher Bewertung nicht sicher, ob die Werte am Markt auch realisiert werden können.

8.1.2.4 Kurs-FFO-Verhältnis

Als „Ersatz" für das KGV wird von vielen Analysten das Kurs-FFO-Verhältnis verwendet:

$$Kurs\text{-}FFO\text{-}Verh\ddot{a}ltnis = \frac{Aktienkurs}{FFO\,pro\,Aktie}$$

Die Einschränkungen hinsichtlich des Kurses, wie sie im Abschnitt zum KGV beschrieben wurden, gelten auch hier. Andererseits wird dem FFO eine höhere Aussagekraft zugeschrieben als dem beim KGV verwendeten Jahresüberschuss.

8.1.2.5 Price-Earning to Growth (PEG)

Die Kennzahl PEG — also das Kurs-Gewinn-Wachstums-Verhältnis — soll helfen, ein KGV besser einschätzen zu können.

Berechnung:

$$PEG = \frac{KGV}{durchschnittlich\ erwartete\ Wachstumsrate\ des\ Gewinns\ in\ Prozent}$$

Als attraktiv gelten Unternehmen mit einem PEG < 1. Das bedeutet, dass das Gewinnwachstum größer ausfällt als das Kurswachstum.

> **BEISPIEL: PEG**
>
> Die Aktie eines Unternehmens wird mit einem KGV von 15 bewertet, das erwartete Gewinnwachstum liegt bei 20 %. Daraus ergibt sich ein PEG von
>
> $$\frac{15}{20} = 0,75$$
>
> Das wird folgendermaßen interpretiert: Der Kurs der Aktie sollte bis zum Erreichen des fairen Wertes um 25 % zulegen, die Aktie ist also unterbewertet.

Das Berechnen von PEG hat vor allem Bedeutung für die Bewertung von wachstumsstarken Unternehmen.

8.1.2.6 Verschuldungskoeffizient (Gearing Ratio)

Berechnung:

$$Verschuldungskoeffizient = \frac{Fremdkapital}{Eigenkapital}$$

Der Verschuldungskoeffizient wird nicht nur in der Immobilienbranche verwendet, sondern ist eine Standardkennzahl bei der betriebswirtschaftlichen

Unternehmensanalyse. In seiner wirtschaftlichen Aussage mit ihm verwandt ist die häufig anzutreffende Kennzahl „Eigenkapitalquote", die folgendermaßen berechnet wird:

$$Eigenkapitalquote = \frac{bilanzielles\ Eigenkapital}{Bilanzsumme} \cdot 100$$

All diese Kennzahlen geben einen Überblick über die aktuelle Finanzierungsstruktur, wie sie in der Bilanz ausgewiesen wird.

Die Beurteilung der Verschuldung eines Unternehmens ist immer im Zusammenhang mit anderen Kennzahlen zu sehen:

- Einerseits führt eine höhere Verschuldung zu steigender Abhängigkeit von Fremdkapitalgebern und zu einer verringerten finanziellen Sicherheit. Zins- und Tilgungsleistungen müssen vertragsgerecht erbracht werden, unabhängig von der Ertragslage des Unternehmens.
- Andererseits kann eine Verschuldung aus Gründen der Ausnutzung des Leverage-Effektes und damit erhöhter Rentabilität und aus steuerlichen Gründen sinnvoll sein.

! ACHTUNG

Der Begriff „Verschuldungskoeffizient" wird nicht einheitlich verwendet. Andere Bezeichnungen, die für die gleiche Kennzahl auftauchen, sind „Verschuldungsgrad" und „Fremdkapitalquote". Es ist also sinnvoll, sich darüber zu informieren, welche Berechnungsvorschriften hinter all diesen Bezeichnungen stehen und ob ggf. nur unterschiedliche Bezeichnungen für die gleiche Kennziffer verwendet werden.

8.2   Finanzierungskennzahlen

Die in diesem letzten Abschnitt aufgeführten Kennzahlen sollen vor allem die Risiken abbilden, die aus der Finanzierung des Immobilienportfolios entstehen. Als Einnahmequelle stehen grundsätzlich nur die Mieten zur Verfügung.

Daraus müssen die Zahlungen an die Fremdkapitalgeber (Zinsen und Tilgung), die operativen Kosten (nicht umlegbare Bewirtschaftungskosten) und die Ansprüche der Eigenkapitalgeber an eine angemessene Rendite bedient werden.

8.2.1 Schuldendeckungsgrad (Dept Service Cover Ratio – DSCR)

Der Schuldendeckungsgrad gibt an, wie gut ein Unternehmen in der Lage ist, Zins- und Tilgungsleistungen für die aufgenommenen Kredite zu bedienen.

Berechnung:

$$Schuldendeckungsgrad = \frac{Net\,Operating\,Income}{Schuldendienst}$$

Der Schuldendienst ist die Summe aus Zins- und Tilgungsleistungen eines Jahres.

Als Zielgröße gilt ein Wert von mindestens 1. Das bedeutet, dass man die Leistungen für Zinsen und Tilgung des Fremdkapitals aus dem Net Operating Income (Jahresreinertrag der vollvermieteten Immobilien zum Zeitpunkt des Erwerbs) begleichen kann.

▶ **BEISPIEL: Zu hoher Schuldendienst**

Die S&R AG berechnet ein Net Operating Income von 13,2 Mio. Euro p. a., der jährliche Schuldendienst beträgt 14 Mio. EUR. Damit werden jährlich 800.000 EUR Substanz verzehrt. Darüber hinaus ist zu bedenken, dass das Net Operating Income sich auf eine Situation der Vollvermietung bezieht. Ist diese nicht gegeben, verschärft sich das Problem weiter.

Der Schuldendeckungsgrad ist eine Kennzahl, deren Einhaltung von den meisten Kreditgebern als Financial Covenant (verbindliche Vereinbarung in Kreditverträgen) gefordert wird. Aber auch dann, wenn nicht von Kreditgebern gefordert, ist eine Unterschreitung eines Mindest-Schuldendeckungsgrades immer ein Alarmsignal für das Management.

8.2.2 Zinsdeckungsgrad (Interest Cover Ratio – ICR)

Eine ähnliche Aussage wie der Schuldendeckungsgrad trifft der Zinsdeckungsgrad. Hier werden allerdings nur die Zinszahlungen dem Net Operating Income gegenübergestellt. Damit wird gezeigt, wie gut das Immobilienunternehmen die Zinsen aus seinem operativen Einkommen begleichen kann.

Berechnung:

$$Zinsdeckungsgrad = \frac{Net\,Operating\,Income}{Zinsesdienst}$$

> **TIPP**
>
> Die Verwendung des Zinsdeckungsgrades anstelle des Schuldendeckungsgrades kann dann sinnvoll sein, wenn das Fremdkapital nicht in einzelnen Raten oder annuitätisch getilgt wird, sondern eine Tilgung in einer Summe vorgesehen ist. Das ist beispielsweise dann der Fall, wenn ein Projektentwickler oder ein Immobilienhändler aufgenommene Kredite aus den Verkaufserlösen der Immobilie zurückzahlen will.

> **WICHTIG**
>
> Die Zinsbelastung ist abhängig von der Fristigkeit der vereinbarten Zinssätze (langfristig oder kurzfristig). Tendenziell sind kurzfristige Zinsen niedriger als langfristige. Demzufolge wird der Zinsdeckungsgrad bei kurzfristiger (variabler, z. B. an den LIBOR gebundener) Verzinsung günstiger ausfallen als bei langfristig festgeschriebenen und damit höheren Zinsen. Der günstigere Ausweis des Zinsdeckungsgrades ist aber mit einem höheren Zinsänderungsrisiko verbunden.

8.2.3 Schuldentilgungsdauer

Wirtschaftlich verwandt mit Schulden- und Zinsdeckungsgrad ist die Kennzahl der Schuldentilgungsdauer. Hier wird berechnet, wie viele Jahre es theoretisch dauern würde, bis sämtliche Schulden aus dem Net Operating Income zurückgezahlt worden sind.

Berechnung:

$$Schuldentilgungsdauer\ in\ Jahren = \frac{Fremdkapital}{Net\ Operating\ Income}$$

Die Schuldentilgungsdauer ist eine eher theoretische Kennzahl, da die Annahmen nicht mit der Realität übereinstimmen:

- Die Erträge bleiben gleich.
- Die Erträge werden ausschließlich zur Schuldentilgung verwendet.
- Die Schuldentilgung ist vertraglich auch so möglich.

All diese Annahmen treffen in der unternehmerischen Wirklichkeit kaum ein. Allerdings ist die Kennzahl ein guter Indikator für die Ertragskraft des Unternehmens. Werte unter 15 Jahren gelten dabei als sehr gut.

● TIPP

Ertragsverbesserungen führen automatisch zu einer Verbesserung der Schuldentilgungsdauer. Es sollte jedoch darauf geachtet werden, dass es sich um nachhaltig wirksame Erträge handelt.

Aus steuerlichen Gründen werden Immobilien oft mit relativ hohen Fremdkapitalanteilen finanziert. Das führt dazu, dass die rechnerische Schuldentilgungsdauer hoch wird. Kreditlaufzeiten von mehr als 20 Jahren sind in solch einem Umfeld üblich. Demzufolge ist diese Kennzahl immer im Zusammenhang mit anderen Kennzahlen zu sehen.

▶ BEISPIEL: Fehlinterpretation der Schuldentilgungsdauer

Die unternehmensspezifische Schuldentilgungsdauer der Kleinwohnungs-AG liegt bei elf Jahren — eigentlich ein hervorragender Wert. Bei der weiteren Analyse stellt sich aber heraus, dass das Portfolio aus Wohnungen in Plattenbauten aus den 1970er-Jahren besteht, die einerseits eine relativ hohe Leerstandsquote und andererseits einen immensen Instandhaltungsrückstau aufweisen. Das darauf lastende relativ geringe Fremdkapital beruht darauf, dass die notwendigen Instandhaltungsmaßnahmen nicht durchgeführt wurden und demzufolge auch keine Finanzierung (aus Fremdkapital) erforderlich war.

8.2.4 Break-even-Miete

Die Break-even-Miete drückt aus, wie hoch die Mindestmiete sein muss, um bei Vollvermietung den Schuldendienst decken zu können.

Berechnung:

$$\text{Break-even-Miete} = \frac{\textit{jährlicher Schuldendienst} + \textit{nicht umlagefähige Bewirtschaftungskosten p.a.}}{\textit{vermietbare Nutzfläche} \cdot 12}$$

Wird die Break-even-Miete (in Euro pro Quadratmeter und Monat) erreicht, können daraus sämtliche Kreditraten und die operativen Kosten, d. h. die Bewirtschaftungskosten, die nicht auf die Miete umlegbar sind, gedeckt werden. Sie ist damit eine Art Mindestmiete.

Ein Kreditinstitut oder ein Investor kann anhand des Vergleiches der Break-even-Miete mit den tatsächlichen Mieteinnahmen einschätzen, inwieweit im Rahmen der Vermarktung noch „Spielraum nach unten" besteht.

Dabei kann die Interessenlage von Investor und Kreditgeber durchaus unterschiedlich sein: Ein Investor ist an einer möglichst hohen Eigenkapitalrendite interessiert und wird deshalb versuchen, die tatsächlichen Quadratmetermieten möglichst weit oberhalb der Break-even-Miete anzusiedeln. Im Gegensatz dazu ist ein Kreditgeber vor allem daran interessiert, die Rückzahlung zu sichern. Dafür reichen ggf. geringere Mieten aus.

Die Break-even-Miete lässt sich eindeutig berechnen und zeigt das Sicherheitspolster bei den Mieten auf. Problematisch kann sein, dass der Zustand der Vollvermietung nicht erreicht wird. Auch ist es nicht immer leicht, korrekte Bewirtschaftungskosten für die Zukunft zu bestimmen. Darüber hinaus kann sich auch der Kapitaldienst durch veränderte Zinssätze im Zeitablauf ändern. Generell lässt sich aber einschätzen, ob das Sicherheitspolster groß genug ist, um solche Veränderungen aufzufangen.

8.2.5 Loan to Value Ratio (LTV)

Die Kennzahl LTV ist der Verschuldungsgrad auf Objektebene. Das heißt, es wird dargestellt, wie hoch einzelne Objekte eines Immobilienportfolios verschuldet sind.

Berechnung:

$$Loan\,to\,Value = \frac{Kreditvolumen}{Verkehrswert\,der\,Immobilie} \cdot 100$$

Das Kreditvolumen umfasst dabei die Summe der für das Objekt bereits ausgereichten Kredite und noch auszuzahlender Kredite.

> ▶ **BEISPIEL: Loan to Value**
>
> Das Objekt „Sonnenberge" ist mit Krediten von 25 Mio. EUR belastet. Der Verkehrswert beträgt 30 Mio. EUR, die LTV damit aktuell 83,3 %. Für Nacharbeiten an den Außenanlagen, die nicht werterhöhend sind, benötigt die Immobiliengesellschaft weitere 1,6 Mio. EUR, die sie über einen Bankkredit finanzieren will. Damit würde die LTV 88,7 % betragen. Die finanzierende Bank hat bereits eine LTV von mehr als 80 % nur nach eingehender Prüfung genehmigt. Als Lösung schlägt sie vor, die Kreditierung gegen eine zusätzliche Grundschuld auf das bisher lastenfreie Firmenobjekt mit einem Verkehrswert von 4 Mio. EUR zu finanzieren. Es ist nun an der Geschäftsführung des Immobilienunternehmens zu entscheiden, ob sie diesen Vorschlag annimmt. (Wenn das Unternehmen keine andere Kapitalquelle hat, wird ihm allerdings kaum etwas anderes übrigbleiben.)

Unter risikopolitischen Gesichtspunkten wird es schwer, Fremdfinanzierungen mit einer LTV von mehr als 70 % durchzuführen.

Ein anderes Bild ergibt sich allerdings, wenn z. B. im Rahmen einer Immobilienkrise Immobilien deutlich abgewertet werden müssen. Das kann dann auch zu der Situation führen, dass eine LTV von mehr als 100 % entsteht. In diesem Fall ist das für die Immobilie eingesetzte Eigenkapital vollkommen verbraucht, der Wert über 100 % ist eine auf der Immobilie liegende „stille Last".

> **TIPP**
>
> Da Kredite während der Laufzeit zumeist auch teilweise getilgt werden, verändert sich auch die LTV einer Immobilie im Zeitablauf. Demzufolge ist sie in bestimmten Zeitabständen neu zu berechnen. Das erfolgt zum einen zu Beginn der Finanzierung und danach üblicherweise jährlich, aber zumindest alle fünf Jahre.

Die LTV ist eine stichtagsbezogene Zahl. Verzerrungen können sich bspw. dann ergeben, wenn die Kennzahl kurz vor der Rückzahlung einer größeren Tranche ermittelt wurde.

8.2.6 Loan to Cost Ratio (LTC)

Die LTC liefert eine ähnliche Aussage wie die Kennzahl „Loan to Value Ratio". Nur wird hier das Kreditrisiko (also das Kreditvolumen) der gesamten Investitionssumme gegenübergestellt.

Berechnung:

$$Loan\,to\,Cost = \frac{Kreditvolumen}{Gesamtinvestitionskosten} \cdot 100$$

In den Gesamtinvestitionskosten sind auch solche Kostenbestandteile wie

- Finanzierungskosten,
- Vermarktungskosten und
- Erwerbsnebenkosten

enthalten.

Die Differenz zwischen dem Kreditvolumen und den gesamten Investitionskosten kann nur durch Eigenkapital gedeckt werden. Dieser Eigenkapitalpuffer ist dann besonders notwendig, wenn es sich um Immobilienentwicklungen handelt, deren Vermarktung/Vermietung bei der Finanzierung zu Projektbeginn noch nicht begonnen hat oder noch nennenswerte Vermarktungsrisiken bestehen. Insbesondere bei spekulativen Projekten wird das der Fall sein.

> **! WICHTIG**
>
> Über die Kennzahl LTC wird die genaue Aufteilung der Investitionskosten auf Eigen- und Fremdkapital abgebildet.

8.2.7 Kredit pro Quadratmeter

Diese Kennzahl ist einleuchtend und relativ einfach zu berechnen.

Berechnung:

$$Kredit\ pro\ Quadratmeter = \frac{Kreditbetrag}{Nettofläche}$$

Selbstverständlich ist nur dann mit einer sinnvollen Aussage zu rechnen, wenn die beiden Ausgangsgrößen „Kreditbetrag" und „Nettofläche" eindeutig feststehen bzw. definiert sind. Feststellbar ist auf diese Weise, ob die Immobilie im Vergleich mit anderen Objekten überdurchschnittlich belastet oder niedrig fremdfinanziert ist. Interessant ist auch der Vergleich mit anderen Quadratmetergrößen, wie

- Errichtungskosten je Quadratmeter,
- Marktwert je Quadratmeter oder
- erzielte Preise je Quadratmeter.

8.2.8 Kapitaldienstfähigkeit

Die Kapitaldienstfähigkeit ist eine Prozentzahl. Sie gibt an, wie viel Prozent der Kreditsumme durch das Net Operating Income (jährliche Nettomieteinnahmen abzüglich der nicht umlagefähigen Betriebskosten) gedeckt sind.

Berechnung:

$$Kapitaldienstfähigkeit = \frac{Net\ Operating\ Income}{Kreditsumme} \cdot 100$$

Die Kapitaldienstfähigkeit dient vor allem als Risikokennzahl im Kreditge-
werbe.

▶ **BEISPIEL: Kapitaldienstfähigkeit**

Die Marktrendite für vergleichbare Immobilien liegt bei 6 %. Aus einer
berechneten Kapitaldienstfähigkeit von 12 % kann man schließen, dass
der Kredit selbst bei einem Notverkauf bedient werden kann. Begründet
wird das damit, dass die Immobilie mit den Nettomieteinnahmen 12 % der
Kreditsumme erwirtschaftet und deshalb mit an Sicherheit grenzender
Wahrscheinlichkeit ein Käufer gefunden werden kann.

Die Kennzahl macht also eine Aussage darüber, wie hoch die Fähigkeit ist, einen Kredit aus den Mieteinnahmen zurückzuzahlen. Je geringer die Kreditbe-
lastung durch Tilgungen wird, desto höher wird die Kennzahl „Kapitaldienstfähigkeit".

! **WICHTIG**

Der Kehrwert der Kapitaldienstfähigkeit ist der Mietenmultiplikator.

Ein Vorteil dieser Kennzahl ist, dass sie die Fähigkeit zur Kreditrückzahlung
unabhängig von den aktuellen Zins- und Tilgungszahlungen verdeutlicht.

9   Nachsatz

Ein Großteil des privaten Vermögens weltweit ist direkt oder indirekt in Immobilien angelegt. Das heißt aber nicht, dass jedes Investment in eine Immobilie — direkt oder auch mittelbar über die Beteiligung an Immobiliengesellschaften — auch von Erfolg gekrönt sein muss. Die in diesem Buch aufgeführten Kennzahlen sollen helfen, etwas Licht in die Analyse von Immobilieninvestments zu bringen. Es ist die Sache jedes Einzelnen, die Kennzahlen zu interpretieren und Schlussfolgerungen für sein Handeln zu ziehen.

Einer Sache sollte man sich aber immer bewusst sein: Eine schlechte Immobilie kann man auch mit noch so vielen Kennzahlen nicht „gutrechnen". Das Realgut, die Immobilie, bestimmt die Ausprägung der Kennzahlen, nicht umgekehrt.

In diesem Sinne wünschen wir Ihnen viel Erfolg bei der Beschäftigung mit Immobilien.

10 Abkürzungsverzeichnis

ARY	All Risks Yield
BaFin	Bundesanstalt für Finanzdienstleistungsaufsicht
BauGB	Baugesetzbuch
BauNVO	Verordnung über die bauliche Nutzung der Grundstücke
BelWertV	Beleihungswertermittlungsverordnung
BetrKV	Betriebskostenverordnung
BewG	Bewertungsgesetz
BGB	Bürgerliches Gesetzbuch
BGBl.	Bundesgesetzblatt
BGF	Bruttogrundfläche
BMZ	Baumassenzahl
B-Plan	Bebauungsplan
BRI	Bruttorauminhalt
DCF	Discounted Cashflow
DSCR	Dept Service Cover Ratio
EBIT	Earnings before Interest and Taxes
EBT	Earnings Before Taxes
EPRA	European Public Real Estate Association
ERV	Estimated Rental Value
FFO	Funds from Operations
GFZ	Geschossflächenzahl
gif	Gesellschaft für immobilienwirtschaftliche Forschung e. V.
GRZ	Grundflächenzahl
ICR	Interest Cover Ratio
IFRS	International Financial Reporting Standards
II. BV	Zweite Berechnungsverordnung
IKV	interne Kapitalverzinsung
ImmoWertV	Immobilienwertermittlungsverordnung
IRR	Internal Rate of Return

IVSC	International Valuation Standards des International Valuation Standards Committee
KGR	Kostengruppe
KGV	Kurs-Gewinn-Verhältnis
LIBOR	London Interbank Offered Rate
LTC	Loan to Cost Ratio
LTV	Loan to Value Ratio
NAV	Net Asset Value
NGF	Nettogrundfläche
NHK	Normalherstellungskosten
NMF	Nettomietfläche
NNAV	Net Net Asset Value
NNNAV	Triple Net Asset Value
NOPAT	Net Operating Profit after Taxes
NPV	Net Present Value
NRI	Net Real Income
OSCAR	Office Service Charge Analysis Report
PAngV	Preisangabenverordnung
PEG	Price-Earning to Growth
PfandBG	Pfandbriefgesetz
RICS	Royal Institution of Chartered Surveyors
ROCE	Return on Capital Employed
ROE	Return on Equity
ROI	Return on Investment
ROIC	Return on Invested Capital
US-GAAP	United States Generally Accepted Accounting Principles
VOB	Vergabe- und Vertragsordnung für Bauleistungen
VPV	Vacant Possession Value
VuE-Plan	Vorhaben- und Erschließungsplan
WACC	Weighted Average Costs of Capital
WEG	Wohnungseigentumsgesetz
WoFlV	Wohnflächenverordnung

11   Literaturverzeichnis

Baugesetzbuch, 23.09.2004 *(BauGB)*. BGBl. I S. 2414
(zuletzt geändert durch Gesetz vom 11.06.2013, BGBl. I S. 1548).

Beleihungswertermittlungsverordnung, 12.05.2006 *(BelWertV)*.
Zitiert nach http://wirtschaftslexikon.gabler.de/Archiv/895039/
beleihungswertermittlungsverordnung-belwertv-v4.html am 02.04.2014.

Betriebskostenverordnung, 25.11.2003 *(BetrKV)*. BGBl. I S. 2346, 2347
(zuletzt geändert 2012 BGBl. I S. 958).

Bewertungsgesetz, 01.02.1991 *(BewG)*. BGBl. I S. 231
(zuletzt geändert 2013, BGBl. I S. 4318).

Bürgerliches Gesetzbuch (BGB). *Bürgerliches Gesetzbuch in der Fassung der
Bekanntmachung vom 2. Januar 2002 (BGBl. I S. 42, 2909; 2003 I S. 738)*.

DIN 276 Kosten im Bauwesen, Teil 1 Hochbau, Teil 4 Ingenieurbau
(2008 und 2009). *DIN 276*. Berlin: Deutsches Institut für Normung e. V.

DIN 277 Grundflächen und Rauminhalte von Bauwerken im Hochbau (2005).
DIN 277. Berlin: Deutsches Institut für Normung e. V.

DIN 31051 Grundlagen der Instandhaltung (2012). *DIN 31051*.
Berlin: Deutsches Institut für Normung e. V.

Geyer, H. (2008): *Immobilien und ihre Finanzierung*. Büren:
Fachbibliothek Verlag.

Geyer, H. (2009): *Die passende Immobilie – Insidertipps für Auswahl und Kauf*.
Freiburg: Rudolf Haufe Verlag.

Geyer, H. (2013a): Investitionscontrolling am Beispiel eines Immobilienprojektes. In: A. Klein, *Investitions- und Projektcontrolling* (S. 75-103).
Freiburg, München: Haufe Verlagsgruppe.

Geyer, H. (2013b): *Praxiswissen BWL (2. Auflage)*. Freiburg: Haufe-Lexware.

gif (a) (2012). Richtlinie zur Berechnung der Mietfläche für Wohnraum. *MF/W*.
Wiesbaden: Gesellschaft für immobilienwirtschaftliche Forschung e. V.

gif (b) (2012). Richtlinie zur Berechnung der Mietfläche für gewerblichen
Raum. *MF/G*. Wiesbaden: Gesellschaft für immobilienwirtschaftliche
Forschung e. V.

gif (c) (2012). Richtlinie zur Berechnung der Verkaufsfläche im Einzelhandel. *MF/V*. Wiesbaden: Gesellschaft für immobilienwirtschaftliche Forschung e. V.

Immobilienwertermittlungsverordnung, 19.05.2010 *(ImmoWertV)*. BGBl. I S. 639.

Luderer, B. & Würker, U. (2000): *Einstieg in die Wirtschaftsmathematik*. Stuttgart, Leipzig: B.G. Teubner.

Metzger, B. (2013a): *Wertermittlung von Immobilien und Grundstücken*. Freiburg: Haufe-Lexware.

Metzger, B. (2013): *Bauherren-Handbuch*. Freiburg, München: Haufe Verlagsgruppe.

Pfandbriefgesetz, 22.05.2005 *(PfandBG)*. BGBl. I S. 1373 (zuletzt geändert 2013, BGBl. I S. 3395).

Statistisches Bundesamt (2013). *Destatis*. Abgerufen am 25.02.2014 von Zensus 2011: Wohnungssuche in Jena, Münster und Oldenburg besonders schwierig: https://www.destatis.de/DE/Methoden/Zensus_/Zensus_Wohnungen.html

Statistisches Bundesamt (14.04.2014). *Destatis*. Abgerufen von Destatis: https://www.destatis.de/DE/ZahlenFakten/Indikatoren/Konjunkturindikatoren/Preise/bpr110.html abgerufen

Verordnung über die bauliche Nutzung der Grundstücke, 23.01.1990 *(BauNVO)*. BGBl. I S. 132 (zuletzt geändert am 11.06.2013, BGBl I S. 1548).

Verordnung zur Berechnung der Wohnfläche, 25.11.2003 *(WoFlV)*. BGBl. I S. 2346.

Wendlinger, P. (2012): *Immobilienkennzahlen*. Wien: Linde.

Wöltje, J. (2012): *Betriebswirtschaftliche Formelsammlung (6. Auflage)*. Freiburg: Haufe-Lexware.

Zweite Berechnungsverordnung, 12.10.1990 *(II. BV)*. BGBl. I S. 2178 (zuletzt geändert 2007, BGBl. I S. 2614).

Abbildungsverzeichnis

Stichwortverzeichnis

 **Exklusiv für Buchkäufer!**

Ihre Arbeitshilfen zum Download:

 ▶ **www.haufe.de/arbeitshilfen**

▶ **Buchcode:** RGP-72D9